アスペルガーのカウンセラーが教える

つながらない生き方のススメ

松島ちほ

自分も相手も傷つけない
自分勝手術！

青山ライフ出版

装幀・イラスト　本澤夕佳

はじめに

つながらないはアスペルガーのつよみ

私は人間関係がめんどくさいです。

できれば必要以上に人と会いたくありません。

私は私の好きなことに時間を使います。

無駄なエネルギーや感情は使いません。

だから私は、やりたいこととやりたくないこと、仲良くする人としない人を分けています。

私の判断基準は良いか悪いかではなく、私が好きか嫌いかで決定します。

物事の決定権はすべて私にあります。


これを読んだあなたはどう思いますか。

うわぁ～わがまま～、性格わるぅ～い、って思いますか。

それとも、そうやって生きれたら楽でしょうね、と思いますか。

はたまた、私もチャレンジしてみたい、と思いましたか。

あなたはどんな人間関係が理想ですか。
まわりの人みんなと仲良くすることですか。
嫌われないことですか。
いい人でいることですか。
それが協調性ですか。

あなたは今の人間関係に満足していますか。
人とつながっていると安心しますか。
その関係は本当にあなたの安心につながっていますか。
その関係はあなたを成長させるものですか。

あなたは、本当はわかっているのではないですか。
まわりに合わせすぎている自分。

ひとりぼっちが怖い自分。

人目を気にしている自分。

そして、そんな人間関係に疲れている自分。

自分のためになっていない人間関係に縛られている。


はじめまして。アスペルガーです。私はアスペルガーのカウンセラーです。

文頭の言葉は私の本心です。

そういうことを簡単に言っちゃうのがアスペルガーっぽいんですけど、と思う方もいるかもしれませんね。


そうです。そういう自分中心なところがアスペルガーの特性です。社会性と協調性のある一般的な人には、ワガママで自分勝手に見えるかもしれませんね。だから私は今までの人生、人間関係はズタボロでした。

あぁそうです、皆さんがお察しの通り、そんなことを言うヤツは学校でも社会でも家族からもつまはじきです。

友達もできず、女子トークも苦手、地味で勉強もできず、得意なこともない、社会人になっても仕事はできず、会社での人間関係もへた、産後に子育ても苦手とわかった。

いわゆる、何をやってもダメ人間。自分なんて大嫌い。私は無価値だ。

子育て8年目のころ、とうとう精神的に落ちるところまで落ち切った私は主婦ヒキコモリになっていました。ひとりになった私は、ひっそりと暮らす家の中で心理学と出会いました。

心理学やコミュニケーション心理の世界には、まるでアスペルガーの「自分勝手」を肯定する理論であふれていました。

私は私のままでいい。過剰に人と付き合うことをしなくてもいい。過剰に人を拒絶しなくてもいい。自分も相手も尊重できるコミュニケーションがある。

シンプルに生きる。その方法は、安心してひとりになれる、つながらない生き方にある。

私はアスペルガーである自分の特性を抑え込まず、さらに特性を活かし心理カウンセラーになりました。

私は私の居場所を自分で作りました。

そして今、アスペルガーの私が心理学を役立て生きやすくなったコツを、クライエントさんにもわかりやすくお教えしています。
この本ではそのコツを「8のススメ」としてまとめました。
この本は次のような方のために書きました。

○ひとりになれない人
○いつも周りに合わせてしまい自分の意志を持てない人
○周りの目や評価が気になってしまう人
○自分がどうしたいかわからない人
○ひとりになることが怖い人
○ひとりになって困っている人
○人とうまく付き合えない人
○ひとりでいる自分はダメな人間だと思っている人

人間関係に悩みを抱える人が言います。

「もう人間関係がめんどくさい。疲れた。すべてを投げ出してしまいたい。でも仲間外れは怖い。孤立してダメなやつと思われたくない。いい人でいたい。だから私はどれだけ苦しくても人の輪のなかに入らなければならないのです。私自身のために……」

そう。その通り。人間関係はめんどくさい。社会で生きていくことはわずらわしいことでいっぱいです。しかし、このわずらわしい社会で生きやすくなるためには、人との関わりに多大なエネルギーを注がなければいけないのでしょうか。

私は思います。

わずらわしい社会でしなやかに生きていくためにこそ、「ひとり」「つながらない」と思える勇気が必要なのでは、と。

つながらない、はダメなことではありません。

つながらない、は現代のわずらわしい社会で自分を活かし幸福に生きるためのスキルです。

私は私のままでいい。過剰に人と付き合うことをしなくてもいい。過剰に人を拒絶しなくてもいい。自分も相手も尊重できるコミュニケーションがある。

シンプルに生きる。その方法は、安心してひとりになれる、つながらない生き方にある。

あなたは自分を自由にするために、どんなことをしていますか？

ひとり上手なアスペルガーによる「自分勝手術のススメ」はじまり、はじまりです。

もくじ

第一章　つながらないは怖くない

ひとりはみじめなこと？

「職場での昼休み、本当はひとりで過ごしたいのだけど、周りから『さみしい人』と思われそうで、できません。」

「更衣室では静かに着替えをしたいのだけど、周りの人と話しを合わせないと『ノリが悪い』って思われそうで…」

私のカウンセリングでは職場での対人関係にまつわる相談が多くあります。そのほとんどが、「まわりの人にうまく合わせることがつらい」という内容です。


今、若い人の間では「ひとりぼっち」のことを「ぼっち」と表現します。

職場だけでなく、学校でも一人で食事をすることは恥ずかしいことであり、マイナスイメージとされています。それは単純に、クラスメイトがグループで丸くなって食べている中、ひとりでいると「さみしい子」「友達のいない子」「人として欠陥がある子」に思われてしまいそうだからです。かわいそうな子というイメージになり自分の評価が下がるのでは、という不安が背景にあります。このような状態を「ランチメイト症候群」といいます。

本当はひとりになりたい私。職場や学校での女子トークがつまらない。しかし、職場や学校での居心地が悪くなったら、それはそれで困る。ぼっちになってヘンな目で見られるのもイヤ。そして、無理をして誰かと一緒にいることを続けると心の状態はどんどん悪くなっていく。最終的にはその職場や学校にいるだけで体調もメンタルも悪くなる、という結果になるクライアントを私は何人も見てきました。

このような悩みを抱える方は、みんなとうまくやるために自分の意志や感情を自分に感じさせない鈍感さが必要だと考えるようです。しかし、その空間でうまくやるために本当に必要なのは、自分が我慢をし、自分の感情に嘘をつき、自分の感覚を他者に合わせることでしょうか。

これらの悩みをカバーするためには「ひとりになる勇気」が大切だと私は考えます。

★人間関係の悩みをカバーするためにはひとりになる勇気が大切

ひとりになれない理由

私は子どもの頃、とても日本的なしつけを親から受けました。「ガマンは美徳」「余計なことは言わない」「自分の意見を言うことは悪いこと」「自分の感情を伝えることはワガママ」「相手に譲る」

社会性や協調性を重んじるこのようなしつけを受けてきたのは私だけでなく、日本で生まれ日本で育った多くの方が「当たり前」として受けてきた教育ではないでしょうか。日本的な教育は謙虚であり思いやりがあって美しいものです。しかしその一方で、個性が認められにくい価値観が育つ一面もあるのではと、私は感じています。

私はどこに行くのもひとりです。ひとり買い物、ひとりカラオケ、ひとりランチ、ときにはひとりしゃぶしゃぶ、ひとりフレンチなども平気です。

そのような話しを誰かにすると「ひとりぼっちと思われるって感じませんか」「友達がいないって思われませんか」「みじめな人に見られる不安はありませんか」とよく聞かれます。まったく思いません。その発想すらありません。そもそも「ひとり」って、そんなに否定的なイメージなんだな、と感じます。

社会では、「ひとり」を否定的にとらえる傾向があります。対人関係に悩みを抱えやすい人は、人からどう思われるか、自分が相手にどのように評価されるか気になるなどの価値観によって、無理な人間関係に追い込まれてくパターンが多いようです。

その否定的な価値観はどこから生まれるのでしょうか。それは私たちが幼少期から受けている教育にあります。

私は「友達100人できるかな」の歌が大嫌いです。友達100人できないからです。友達ってそんなに必要なんですか。

美咲さんは「友達の言葉に自分の感情が振り回されてつらい、そのつらさがストレスになってしまい、仕事に集中できなくて困っている」と私にお話ししてくれました。美咲さんの感情を振り回すような友達とは付き合わない方がいいのではと聞いたところ、美咲さんは「私も友達と距離をおきたいのですが、距離をおこうとするとなんだか私の心の中で罪悪感を感じるのです」と答えました。美咲さんとじっくり対話をすすめていくと、美咲さんは子どものころの母親とのエピソードを思い出しました。「私は母親からいつも『学校の子たちみんなと仲良くしなさい』『あなたは長女だから妹や弟に譲りなさいね』と言われて育ちました。私は母の言ったことは今でも正しいと思います。もっと言えば、今まで母の言葉を疑うことがありませんでした。」

美咲さんは人間関係に距離をおくことは自分勝手でワガママな悪いことだと思い込んでいたことに気づきました。私は改めて、「苦手な人と距離をおくことは本当に悪いことなの？」と問いかけたところ、美咲さんはうつむいていた顔をあげて「・・・悪いことではありません。むしろ自分の仕事に影響がでているのですから、距離をおくことは自分のためになる選択です。」

私たちは小さい頃から、親や教師から「お友達をたくさんつくりましょう」「みんなと仲良く」「協調性をもってまわりとうまくやりましょう」と教育されています。私はお友達をつくることも、まわりとうまくやることも大切なのは知っていますが、その価値観に過剰に価値をおいてしまうと人間関係に息苦しさを感じる子どもや大人がいるのではと感じます。「ひとり＝ネガティブ」という価値観を子どもを教育する大人たちが持ち続け指導している以上、ひとりへの恐怖は今後も子どもたちに植え付けられていくことでしょう。

世間が「ひとり」を認めない。それは「みんな仲良く」「協調性をもって」を妄信してきた人にとって「ひとり」とは「未知の存在」。それはほとんど宇宙人。未知の存在に人は、不安や恐れを感じます。そして、理解ができない存在に対して、人は排除する心理が働きます。これが「仲間はずれ」です。

このようなひとりを認めない価値観を自分のなかに取り込んでしまうと、ひとり＝危険と判断し、無理に他者とつながることを選びます。たとえ心のなかにひとりになりたい気持ちがあったとしても「ひとりになりたい気持ちがある私はダメな人間だ」「ひとりを望む私はどこかおかしいんだ」「社会性のない私には欠陥がある」と思い込み、みんなと同じでない自分をダメな人として責め続け、そして付き合いたくない人間関係に無理をし続けてしまいます。

★ひとり＝ネガティブという価値観を大人がもっているかぎり、ひとりへの恐怖は今後も子どもたちに植え付けられていく。

嫌われるのが怖い

「私は人とうまく関われない。でも幼稚園のママ友のAさんは誰とでも仲良くできて、とても社交的。私もAさんみたいになれたらどれだけ楽かって思います。」私のカウンセリングでクライアントさんがよく言う言葉です。私はその言葉を聴きながら、本当にAさんは人間関係に楽をしているのだろうか、と疑問に思うことがあります。

表面的には明るくて誰とでも仲良くしているように見えるけれど、心のなかでは自分に自信がなくて、不安感でいっぱいの人がいます。自分の考えや意見に自信がなく、自分の意見を言ったらバカにされるのではないかという不安を常に抱えています。だから自分の意見を言うより、他者の意見に合わせ、イヤとは言えず、その場をとりつくろうようにコミュニケーションをとります。しかし、自分を抑えることには限界があります。他者に合わせてばかりの人は心のどこかで「私ばっかりガマンしている」「みんなは要領良くやってズルい」と不満が心に沈殿していきます。しだいに相手の好意すら皮肉や嫌味に感じ、しかし、その感情を表面に出すこともできません。

このように他者から「いい人」と思われることが人生の目的になってしまう人は、多く存在します。嫌われるのが怖い、いい人のイメージを守りたい人は、自分の気持ちや、自分がどうしたいかを見失います。そして都合良く他者に使われ、さらに言えない不満が募り、最後には人と接することが苦痛になるか、または、大爆発をおこし突然他者に攻撃的になるケースがあります。

中高生の学生は、ひとりでいることに後ろめたさを感じます。ひとりでいることを周囲に気づかれ、その周囲の目に「ダメなやつ」というメッセージを感じてつらくなります。一緒にいる友人がいるかいないかは、人として評価をされるものさしとなります。

会社に勤める女性は、職場で無理をして他者と付き合っている場合があります。一緒にランチタイムを過ごす相手がいなかったり、職場にうまく溶け込めないと、心身にダメージを受けることがあります。それでも職場の人とうまくやらなければという恐怖心を感じています。

子育て中のママさんは、公園デビューに失敗すると大変なことになります。砂場で子ども同士のおもちゃの取り合いがあった際には、親同士がうまく対応しなければ「あのうちの親は子どものしつけがなっていない。あのうちの子とは遊ばせない方がいい」と公園ママの噂の的になってしまうこともあります。公園での村八分が怖くて、つい子どもをきつく叱りすぎてしまうこともあるでしょう。

★いい人でいることが人生の目的になると、自分の本当の気持ちがわからなくなってしまう。

ひとりになってみたらたいしたことない

ここまで読んでいただくと、うっすら「人間関係ってホントめんどくさい」と思う方もいることでしょう。そこはかとなくため息が出ちゃう方もいるかもしれません。

アドラー心理学のアドラーは言いました。「人間の悩みはすべて人間関係から起因する」。人の悩みや生きづらさは、自分ひとりのなかで発生するものではありません。人の悩みを掘り下げていくと、根っこではすべて対人関係の悩みに到達するという考え方です。自分のサイズに見合っていない対人関係があると悩みが増えるというわけです。

さて、ここで改めて私は皆さんにお聞きします。本当に「ひとり」はネガティブで損なことでしょうか。

アスペルガーは人づきあいが苦手です。私は過去においてはコミュニケーションがヘタという問題を抱えてきましたが、一方でひとりになることにはまるで抵抗がありませんでした。私にとっては他者と関わることで安心を得るより、ひとりでいることの方が安心できるのです。人目を気にせずひとりになれるスキルがすでに備わっていることは、私は得をしたなと思っています。

私は「ひとり」をやってきましたが、しかし「孤独」ではありませんでした。私には唯一、私を理解してくれる夫がそばにいてくれたからです。だから私は「安心して」ひとりになれたのです。ひとりになるために大切なポイントは、「安心して」ひとりになるということです。

「安心したひとり」とは、どのような状態でしょうか。

安心したひとり、とは、安心してひとりを楽しめる状態です。安心してひとりができる人は、なにごとも自分優先です。ひとりになりたいときにはひとりになりますが、時に友達との楽しい時間を持つこともできます。しかし人間関係に依存しておらず、友達との密な連絡がなくても不安を感じず生きていくことができます。誰かのため、何かのために、自分を犠牲にすることはありません。人間関係はベタベタしておらず、互いに必要のあるときにだけ連絡を取り合います。ふだんの連絡は少ないけれど、「悩んだときにはあの人に会って話しを聴いてもらおう」「この目標が達成できたらあの人に報告して祝ってもらおう」「あの人からヘルプがきたら何があっても対応しよう」と相手に信頼をよせ心のなかでいつもつながっています。「心の支え」「信頼できる関係」があるだけで人は安心してひとりになれるのです。

一方、ひとりと孤独は違います。孤独とは人間関係を拒絶している状態です。ひとりを楽しめず、ひとりでいることに固執し、人間関係に怯え、人間関係をあきらめている人はひとりではなく、孤独です。人にとって孤独とはとてもつらい状況であり、ときに人を自死においやるほどのストレスを与えます。

安心するひとりを実践するためには、自分を理解してくれて信頼できる1~2人の存在をもつことが重要となります。それについては第四章⑦で詳しくお伝えします。

私はひとりになれるので、ひとりになれず対人関係に悩んでいる人を見ると息苦しいだろうなと感じます。

ひとりになれない人は、とても不自由です。いつも誰かの目を気にしています。いつも誰かと自分を比較し、自分の評価を気にしています。自分で自分を縛り付けているようなイメージです。

ひとりになれる人は自由です。柔軟な思考があり、人の目をあまり気にしません。誰かと自分を比べることもしないため、自分の評価も気にしません。信頼できる人とだけ関係をもち、シンプルに生きているイメージです。

自由を得た人間は、どんどん目の前に新しい人生が開かれていきます。「ひとり」を得た瞬間から、のびのびと生きることができるのです。

★現代の社会をよりよく生きていくためには、無理に人間関係を持たなくてもすむ力＝「つながらない力」が必要。

第二章　アスペルガーの私がカウンセラーになる

アスペルガー症候群とは

先日私がひとりでカフェにいたとき、近くの席からこのような会話が聞こえてきました。

「仕事を一緒にやっている内田さん。内田さんてホント空気が読めない。自分の思っていることを全部言っちゃう。しかもできる仕事の幅がせまくて興味のないことには関心を向けない。そのくせ時間とか音とか細かいことにこだわる。内田さんはアスペルガーだよ、きっと。」

「発達障害」という言葉は、近年、メディアで取り上げられることも多くなり、ネットニュースでも発達障害の記事をみない日はありません。発達障害についての情報は社会に多く浸透し、発達障害は少しづつ社会から理解されつつあります。しかしその一方で、発達障害のネガティブな特性もクローズアップされ、発達障害＝ダメな奴、というイメージが存在するのも事実です。


発達障害とは、大きく3つの障害に分けられます。アスペルガーは自閉症スペクトラム障害

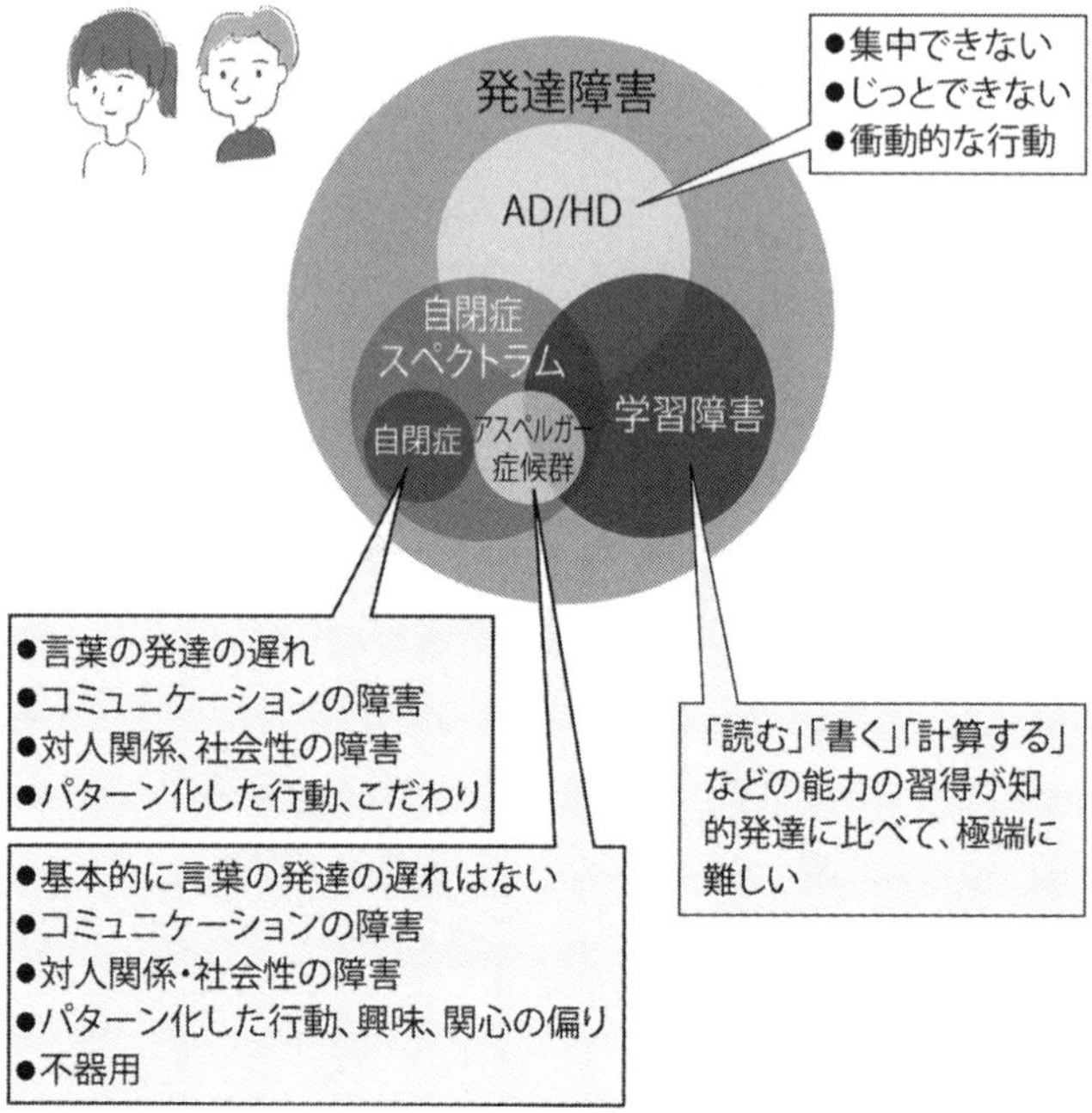

の中に所属しています。

①自閉症スペクトラム障害（ASD）
自閉症、アスペルガー症候群
②注意欠陥・多動性障害（ADHD）
不注意、多動性、混合型
③学習障害（LD）
読字障害、算数障害

発達障害は生まれつき脳機能の発達にアンバランスさがあります。そのアンバランスさ（発達の凸凹）により周囲の環境や人間関係とのミスマッチがおこり「困った」「生きづらさ」が発生する障害です。

発達障害は外見ではわかりにくい障害であるため「本人のやる気の問題」「親のしつけに問題がある」と批判されることもあります。

定形発達との境界もはっきりと分けられない障害であり、また発達障害はその障害をもつその人それぞれに特性が違います。その人がどのような環境にいるかによって発生してくる障害も違ってきます。その人に合っている環境であれば、発達障害が表れず穏やかに生きていくことができます。一方、その人に合わない環境や人間関係でミスマッチがおこると、社会生活や対人関係に困難が発生します。

発達障害の表れは、環境や体験による個人差があります。発達障害の特性を持っているが、ほとんど困らず生きている人もいます。大切なのは障害があるかないか、ではなく、その人が「困っているか、楽しく過ごせているか」という視点です。

★発達障害の表れは環境や体験により個人差がある。当事者が困っているのか、楽しく過ごせているのかが大切な視点。

大人の発達障害と診断されて

私がアスペルガーと診断されたのは、私が44歳のときでした。ほんの数年前です。すでにカウンセラーの仕事もしており、発達障害の知識もある程度あったため、診断には驚きませんでした。それよりも、今までの私の人生にあった困難な出来事の原因がすべて理解できたすがすがしさと、安心感を感じたことを覚えています。

私は基本的に空気が読めないし、コミュニケーションもヘタなので、子どもの頃から今まで生きづらい人生でした。

私が幼少期に育った家庭では親からきびしいしつけを受けました。子ども時代の私は親から叱られてばかりいた記憶しか残っていません。とても日本的なしつけを重んじる家庭で「自分の意見は控える」「余計なことを言ってはいけない」「ガマンや忍耐は美しい」「相手の顔色を見て判断する」などの暗黙ルールが当時の家庭に存在しました。現在では発達障害児への支援指導が的確で、発達障害の子どもにとって日本的な厳しいしつけは彼らの特性には合わないとの研究結果がでています。しかし、これらの暗黙ルール、家庭環境はけして私の家庭だけが特別に珍しいものではなく、昭和40〜50年代での家庭ではよくあるしつけのスタイルだったのではと思います。当時は情報も少なく私の発達障害もわからなかったため、私の親が日本的にしつけたことは仕方のなかったことだと、今は思っています。

私はひたすら親に叱られた記憶しかありませんが、今思えば、親にとって私は、育てづらい子どもだったのでしょう。自分の言いたいことは言うし、こだわりが強く感情をむき出しにする。理解できないことがあれば納得いくまでしつこく親を質問責めにし、そのくせ頭の回転は速い。相手の顔色をみて判断することはせず（正確には「できなかった」）、自分中心で物事を判断し衝動的に行動しました。親が美徳とするしつけとは程遠い私の態度に、親は困り果てたことと思います。当然、思春期になるにつれ親とはぶつかることが多くなり、家族との関係も悪化していきました。

学校生活はとても地味でした。小学生の頃、私は同級生とあまり会話ができませんでした。学校で一言も言葉を発せず帰宅する日もありました。会話ができるのは幼なじみの由香ちゃんだけ。大人数が苦手で3人以上のお友達と遊ぶことができませんでした。由香ちゃん以外の同級生とどうやってコミュニケーションをすればいいのかまったくわからず、一時は同級生に敬語で話していた時期もあります。休み時間はひとりで絵をかいて過ごしていることが多くありました。勉強はまったくできませんでした。授業中、先生の言っていることが理解できない、先生や周囲の言葉の速度についていけないのです。文字と絵で解説された資料を見ると理解できたのですが、とにかく授業はついていけませんでした。

地味で目立たずなんとかやり過ごした小学生時代ですが、中学生になり女の子同士の人間関係トラブルが発生してきました。まず女子トークについていけないことに困難を感じました。恋愛、テレビ、ファッション、アイドル、かわいい雑貨など、女子の話している内容が理解できません。(正確には「興味がない」)そのため空気読めない発言~からの~孤立、いじめ。どのような発言・態度をしたら女子に受け入れられるのか、何を言ったらやったらダメなのか、私はまったくわかりませんでした。その頃から私の中では「人は怖い」「コミュニケーションは難しい」というイメージが定着し、そのマイナスなイメージは、その後、社会人になっても、結婚をし出産をしても、私の人間関係に影響を与えました。

★発達障害児に日本的な厳しいしつけは合わない。

無価値だった私

私は小学4年生のとき、母に連れられ小児精神科を受診しました。脳波を調べたり、絵を書いて医師に見せたり、優しい誰かといろいろ話しをしたことを覚えています。最近、母から聞いたのですが、そのとき母は医師から「親の愛情が足りない」「この子は心の問題を抱えている」「この子は支援級に行ったほうが良い」と指導されたそうです。母は医師の言葉に納得できず、私を通常級に進級させせました。母は医師から自分の育児にダメ出しを出されたように感じ、つらかったと思います。今では子どもの発達障害研究も進んでおり、保護者への配慮も十分になされますが、当時はまだ発達障害という概念は進んでいない時代でした。また女性のアスペルガーに関してもやっとここ数年で研究が進み、正確な診断ができるようになりました。（アスペルガーは男性に多いため女性アスペルガーの研究が遅れていました）ですから当時、私が発達障害であり、アスペルガーであることを医師が診断できなかったことは仕方がなかったことです。母が心をずいぶんと痛めたことを、私は申し訳なく思います。

しかし、隠れ発達障害だった私は、当然通常級では「できないこと」「わからないこと」の連続です。思春期以降の学校生活や、社会人になっても、私はつねに周りの人と自分がどことなくズレている違和感を感じながら、私なりに普通の人を演じて生きてきました。自分を押し殺し、自分の感情に嘘をつき、普通の人のまねをする。興味がないことにも興味があるふりをして、理解できないことは笑ってやり過ごす。本当の自分を歪めれば歪めるほど、劣等感が膨らんでいきました。

それまでアスペルガーの特性を他者にも自分にもごまかして生きてきましたが、とうとうアスペルガーによる障害が出産を境に表れてきました。子育てがつらくてつらくてどうしようもないのです。子どもの泣き声がまるで超音波のように頭に響く、自分のルーティンはすべて崩れる、子どもの夜泣きは2年間続き、深夜でも明かりをつけて対応をすることがとてもつらく感じられ、私は追い詰められていきました。

夫は育児にとても協力的に関わってくれました。まわりの母親たちは、子育てを楽しんでいます。子どもの泣き声がつらいとか、自分のルーティンが崩れてつらいとか、深夜の明かりがつらいとか、そんなことを言う母親はまわりにいません。私はダメな人間だ。子どもを育てることもできない。家事もちゃんとできない。相談できる女友達もいない。こんなささいなことも耐えることができない私は、無価値な人間だ。私は子どものときから家庭のルールを守ることができず、親を困らせてきた。結局私は、子どものときからダメな人間なんだ。

育児の年数を重ねるごとに、私は主婦ヒキコモリになっていきました。その時点で私がアスペルガーだと診断され、幼少期の違和感や、子育てのつらさがアスペルガーの特性によるものだと知ることができたら、どんなに救われただろうと思います。

ある日、私は車の運転中にぼんやりする意識のなかで、「このままアクセルを思いっきり踏んだら私はこの世からいなくなる。無価値な私が死んでも誰も困らないだろう」と考えた自分を感じたとき、自分が育児ウツだと気づきました。自分の今までの人生で蓄積された重くて厚い劣等感が、育児というキーワードを通じて噴出しました。育児8年目の夏、とうとう私の精神は底辺に落ちました。

★女性の発達障害は結婚や出産を機に表面化することがある。

やっとみつけた好きなこと

子どもとうまくコミュニケーションがとれず、ママ友も友達もいない。人が怖い。一歩外に出れば保育園や学校関係の保護者や近所の人とコミュニケーションをとらなければならない。外の世界が怖くて家から出られない。主婦ヒキコモリの生活。自分のできないっぷりに落ち込むなか、家のなかにいると、とても安心できました。唯一、私を理解してくれる「夫」が私のそばにいてくれました。

夫がいたから、私は安心してひとりになれました。私は「ひとり」でしたが「孤独」ではありませんでした。私はヒキコモっていたので、自分を見つめる時間は十分にありました。夫といると気持ちが落ち着くため、家庭には静かに自分を感じる時間がありました。

人とコミュニケーションをとるってなんだろう……
人と会いたくないって気持ちはダメなのかな……
人と違うってダメなのかな……

みんなと同じことができないとダメなのかな……
「ひとり」と「孤独」の違いってなんだろう……
今の私の精神状態ってどんな状態なんだろう……
この精神状態に名前はついているのかな……
今のこの状態から抜け出す方法ってあるのかな……

「答えを知りたい！」
この瞬間、アスペルガーの特性であるこだわりと衝動性が動きだしました。私は翌日、自分の気持ちに任せるまま衝動的に図書館に行き、心理学の本を手当たり次第に借りてきました。アスペルガーは特化して集中力と記憶力の高さがあります。今思えばその特性を活かし、1日8〜10時間、朝から晩まで、毎日毎日、心理学を独学しました。まだまだヒキコモリで、人と会うのは怖かったため、外出して心理学の講座を受けることや、専門家に心理学を教えてもらうなどの発想がありませんでした。私は教師の授業についていけない特性があることは知っていましたし、文字や絵なら理解ができることを知っていました。よって私の心理学の先生は「図書館」「アマゾン」でした。

★安心してひとりになることで本当の自分と出会い、人生の大切なものに気づくことができる。

過集中が役に立つ

私は物事を納得のいくまで理解したいこだわりが強くあるので、心理学の本を一冊理解するために、その本を手書きですべて書き写しました。何冊も何冊も、本を手書きで写しました。自分が理解できるよう、心理理論を図や絵にして、ノートに子どもでもわかる文章で解説を書きました。わからない、から、わかりたい。だから自分がわかるまで、その作業を繰り返しました。私は勉強ができず頭が悪いはずだったのですが、なぜか心理学は本を読むだけで理解できました。知るっておもしろい。わかるって楽しい。

私の頭の中に知識や情報がスポンジのように吸い込まれていく感覚がたまらなくおもしろく、それと同時に心が自由になっていくのを感じました。私はその日に得た知識を夫に話し、夫はよくわからないけど聞いてくれました。私は相変わらずヒキコモリで人と会うことはなく、はたから見れば何も変わっていないのですが、心理学の勉強は私を開放し、育児や劣等感という私の問題を解決するヒントを与えてくれました。私が「好きなこと」を見つけてから、人生が一転しました。

アスペルガーの特性のひとつに「過集中」があります。私は今、この本を書いています。今日は朝8時に執筆をはじめ、窓の外が暗いな～と思ったら午後6時。食事もトイレにもいかず、ずっと書き続けていました。午前8時から午後6時までの私の体感覚は、おおよそ3時間ほど。まったく苦痛ではなく、午後6時だし仕方ないから夕食のしたくをはじめよう、という気持ちです。この過集中の力は、私のつよみのひとつです。

★人はどんな状況でも何歳からでも学ぶことができる。

人脈ゼロからのスタート

心理学の独学をはじめて2年ほど経過した後、授業形式の心理学講座をはじめて受けてみようと思い立ち、心理学講師の沙織先生から心理学を学びました。大人数での授業はまだ抵抗感があったため、個人レッスンの対応をしてくださる沙織先生のもとで学習をさせてもらいました。先生の教室はスッキリとしていてとても落ち着くお部屋でした。

私はある程度心理学の知識を持って沙織先生からレッスンを受けていたため、先生は私の知識量をよくほめてくださいました。親からは叱られ、人からは扱いにくいやつだといわれ、誰からもほめられる経験がなかった私には、沙織先生からの「褒め」は私の劣等感を薄め、さらなるやる気につながりました。先生とのレッスン契約が終わる頃、先生が私の心理学の知識を評価してくださり、先生のお仕事のお手伝いをさせていただけることになりました。

沙織先生のカウンセリングのやり方を学ばせていただいたり、先生の講義をそばで見させていただいたり、時には先生と深夜までお話しさせていただきました。先生の生徒さんとも関わらせていただき、私はコミュニケーションの練習もさせていただきました。沙織先生はいつも私を認めて受け入れてくださいました。私は相変わらずヒキコモリ気味で、友達もいなく、人の輪にもうまく入ることができなかったけれど、私を理解してくれる人が「夫」ともう一人「沙織先生」がいてくれるだけで、安心してひとりでいられました。沙織先生には今でも心から感謝をしています。先生との出会い、先生のお導きがあったからこそ、私は今、心理学の世界に身を置いています。

沙織先生のもとでお仕事させていただいてから3年後、先生の事業が成功し大幅な事業展開をすることになりました。その頃、私はカウンセラー資格を取得し、カウンセラーとしての活動を少しづつはじめていました。先生の事業展開とともに、私は独立をする時期がやってきたのです。沙織先生も独立をすすめてくださり、背中を押してくださいました。しかし私には独立をする力などありません。なぜならばビジネスで最も大切な「人脈」をつくれないからです。この時はまだ私がアスペルガーだと知りません。他者とコミュニケーションを深め人脈をつくる……私にはできない……私はここまでか……私は絶望を感じていました。

★好きなことを続けていれば、あなたを理解してくれる大切な人との出会いがある。

群れないは力になる

沙織先生への感謝の気持ちを大切にしつつ、私は不安だらけの独立をスタートしました。顧客0。独立をしたと報告する友達もいない。誰にも相談できない。宣伝方法もわからない。何からはじめればいいかわからず停滞していた頃、沙織先生のもとに通っていた生徒さん数人から励ましのご連絡をいただいたことにとても心を救われました。

私は考えました。私は人脈を作れない。そこは得意分野ではない。だからそこをがんばるのはやめよう。私の得意なことをやろう。私の得意なことは心理学の知識をひとりで学び、図と絵で書き起こし、子どもでもわかるようにまとめること。私は自分から人脈を得ていく（自分から声をかける）ことはできないが、人脈がむこうから私にやってくる（相手から声がかかる）ようにすればいいのではないか。私は人脈がないから人づたいに紹介などで仕事を得ることはできないだろう。不得意なコミュニケーションにエネルギーを注ぎ細かい人脈を作るより、大勢の前で私が心理学について話せば、大勢の人に私の存在を知ってもらえる。人前で話す仕事、それは「講師」だ。さて、それでは講師になるにはどうしたらいいいか……。

私は私の得意分野「ひとりでできること」を進めました。私の手書きの資料をもとに、心理学の教材を作りました。教材をつくるためには、論理性を高める必要があります。そのためさらなる知識が求められます。論理性に行き詰まれば、他の論理が適用できないか資料を集める。その資料をまた絵と図におこし、わかりやすく自分のなかに取り込む。これまでずっと私がやってきたことを繰り返しただけです。

ほどなくしていくつか教材が出来上がりました。次に企画書を書きました。この心理学がどれだけ日常に役立ち、私たちの人生を豊かにするのかを書面にまとめる。これもひとりでできる作業です。そして、その企画書をもってでかけました、ひとりで。しかし、どのようなところに企画書を持参すればいいのかわかりません。思いつくままに、アポイントメントもとらず、企業やら市役所やら公共機関に行きました。

当然ですが、受付けで冷たくされたり、企画書を受け取ってもらえないことばかりでした。しかし私は失敗したという気持ちがありませんでした。単純に「あ、こーいうところは行っちゃダメなんだ、行ってはダメなところを発見できた、ラッキー」くらいの気持ちでいました。

アスペルガーは空気を読みません。相手の気持ちに配慮せず一方的に行動をするところがあり、冷たくされても冷たくされたことに気づかないことがあります。このような行動や考え方

は、アスペルガーの特性を活かした行動だと、今になって思います。（受付の方にとっては迷惑だったと思いますが）

企画書を持って出歩くなか、（まだ一社も企画を採用してくれないのに）私はふっと「もしかして講師になったら、自分が企画をした講座を、自分で集客して運営できるかもしれない。そのときに講座をやる空間や会議室が必要じゃないか」と思いました。気の早い発想です。そしてそのまま衝動的にある公共機関の窓口に行き、貸し会議室の借り方について教えてもらいました。

その時、その窓口を対応してくださった担当者の茜さんが、「どのようなことで会議室を使いたいのですか？」「どのような講座をやりたいのですか？」「どのような講座ができるのですか？」と私に質問をしてくださいました。私は心理学知識があること、その教材はすでにできていること、しかし講師経験が少ないことを伝えました。その数日後、茜さんから連絡が入り、企画書を持参して打ち合わせに来てください、とご連絡をいただきました。

その数か月後、茜さんの担当で私は講師デビューをさせていただけました。講座は成功し、また次の講座へとお仕事をいただけるようになりました。講座をやればそこからカウンセリングの仕事も入ってくるようになりました。その後、口コミで学校関係の講座や講演会のご依頼もいただくようになり、現在に至ります。

　私は以前も今も群れていません。基本的にひとりです。人脈は今でもありませんが、仕事はあります。私は人とのつながりにエネルギーを使いませんでした。その代わり、自分のできることにエネルギーを使いました。そして、私を認めてくれるほんの少しの人との出会いで、今があります。

　人との人脈を維持できれば横のつながりをもつことができ、大きな力になります。しかし群れない、ひとりで考え行動するということもまた、自分の内面にある力が最大限に発揮されるのです。

★ひとりで考え行動することで自分の力が発揮される。

第三章　「つながらない」のいいこと

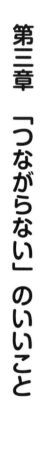

ひとりになることで自分と向き合える

ひとりの時間は、自分と向き合い自分を深める時間になります。それは人が自己成長するために必要な時間です。私たちは毎日とても忙しい。仕事や家事、ＰＴＡや町内会、連絡や雑用、はたまた自分の興味のないことまでに時間が追われています。私たちの人生のほとんどが、そのような時間で埋め尽くされています。そんな現代だからこそ日常のなかで、あえてひとりの時間を確保していき「ちゃんとひとりになる」ことが大切なのです。

「ひとりになる」ということは、子どもの発達においても大切な視点になります。子どもがひとりでお絵かき、子どもがひとりでブロック遊び、子どもがひとりで砂遊び、子どもがひとりでぼ〜っと空間を眺めている。

子どもがひとりで何かに集中し、頭が空っぽになる体験のなかで、子ども自身が感じている感覚や、想像力、創造力が育っていきます。しかし子育てをする親に時間的精神的余裕がなく、ついつい「早く終わって」「きれいに片づけて」「もうピアノのお稽古の時間よ」などと、子どもをせかしてしまいます。これでは子どもがじっくりと「ひとり」になれず「自分を感じる体験」ができません。私の面談で「自分がどうしたいかわからない」「自分が何を感じているのかわからない」とおっしゃる方がいますが、幼少期の様子を聴くと、親や周囲の大人から支配的、過保護、コントロール的な子育てを受けてきた方に多い傾向があります。子どものときに「じっくりとひとりになる」「自分の好きなことに没頭する」という体験が少なかった様子が伝わってきます。

私は幼少期からの孤立感、思春期のいじめ体験、社会での不適合など、心の問題を解決しないまま抱え続けていました。しかし、そんな「闇」を持つ自分を受け止めることができず、闇をかき消すように、そんなことはなかったことのように、自分の闇を感じることのないように、悪いことをいっぱいやり外側の刺激に溺れていきました。

私の闇は出産後、一気に表出しました。育児ウツが引き金になり主婦ヒキコモリになりました。育児のなかで「できない私」が表れるたびに、私の心の傷からドロドロと闇と劣等感が流れ出ました。私は子どものときからずっと人から理解されず孤立していた。あの人はできる人、私はできない人。できない私はダメで無価値な人間。外に出ればニコニコした母親がベビーカーを楽しそうにおしている。私はあんな母親にはなれない。私は親から一度だって認めてもらえず否定され続けてきた。優しい母親像なんてわからない。人と分かち合い仲良くするなんてわからない。こんなふうに私を育てた親が憎い。

恨み、嫉妬、憎しみ、悲しみ、無気力。自分は対人関係の被害者で、人生の失敗者。ただひたすら自問自答を繰り返し、できない自分を責め続け、精神が落ち切ったその先に、心理学ありました。その後、心理学をひとりで学びながら、正しく自分と向き合い自分を肯定するプロセスに入ることができました。

今の私があるのは、しっかりと「ひとり」を体験したことにあります。それはひとりになることを恐れない力が私の中にあったからだと思います。私は「ひとり」でしたが「孤独」ではありませんでした。信頼できる人がひとりだけ、「夫」がいてくれたから安心してひとりになり、正しく自分の内面と向き合うことができたのです。

人は「ひとりのとき」にしか気づけない感覚があります。「自分」という存在を「ひとり」のときにじっくりと感じることで気づきを促進し、精神的成長がもたらされます。内側にこもることが人の成長において大切なときもあります。つねに外側からの情報や刺激のある環境に身を置くと、意識は外側に向き自分に向けることができず、今、自分がどんな気持ちで、何がほしいのか、気づくことができません。

私のひとり体験はとてもハードでしたが、もっと早い段階で安心してひとりになり、正しく自分と向き合うことができれば、こんなに苦労することはなかったと思います。

★人はひとりのときにしか気づけない感覚があり、ひとりのときに精神的成長がもたらされる。

ひとりになることで本当のつながりを見直す

ひとりになることで自分と向き合える、外側の情報や刺激にさらされ続けると自分の気持ちがわからなくなる、とお伝えしました。たしかに多くの人たちと交流を持ち、楽しい時間を過ごすことはエネルギーになりますが、一緒にいて疲れてしまうような人たちと無理をして交流すると、逆にエネルギーを使い疲弊することになります。まわりにいるみんなと仲良くやることが人づきあいだと思い、無理をして関係を続けていくと、それは外側の刺激となり、自分の本当の気持ちをじっくりと体感することができなくなります。ひとりになる、ということは、自分の本当の気持ちを確かめるとともに、人間関係を整理しシンプルな生き方につながります。

人間関係に悩んだ人がひとりになることを決めて実践をはじめると、まわりの人の反応が変わってきます。適度な距離を保ってくる人、まったく連絡をしてこなくなる人、必要なときだけ連絡をしてくる人。ひとりになるとリアルに相手と自分の距離が見えてきます。あの人と私の関係ってそんなものだったのか、と悲しく思うこともありますが、しかし一方で、自分にとって大切な人間関係もリアルに見えてきます。「普段からあまり連絡はとっていないけれど、お互いに大切なことがあったときや、時折の近況報告の連絡をお互い自然に取り合う」「普段からあまり連絡をとってないけれど、久しぶりに連絡を取り合ったとき、久しぶりな感じがしない」「普段はあまり会わないけれど、『会おう』となったとき、どれだけ忙しくてもお互いに時間を空けて会いたい気持ちがある」「ネガティブな会話はなく前向きで気持ちの良い会話ができる」「私の意見を尊重してくれるが、自分の意見もちゃんと言ってくれる」このような「つながり感」を感じる相手が浮き上がってきます。そのようなつながり感を感じられる相手こそが、あなたにとって必要な人間関係です。

つながり感、とは「心のつながり」を表します。ベタベタしていなくてもつながっている感じ。連絡や会う回数でつながっているのではなく、連絡がこなくても会っていなくてもしっかりとつながっている感じ。心のつながりを感じる相手にこそ、あなたのエネルギーを使うべきです。心のつながりはなく回数でつながっている相手にエネルギーを使ったところで、その関係は「本当のつながり」にはなりません。それよりも回数ではなく、心でつながっている相手にだけエネルギーを使えば、その関係は「ほどよい距離感」で保たれ、あなたの心は強く支えられ、さらに「安心してひとりになれる」でしょう。

私は数年前に、年賀状を廃止しました。一年に一度、挨拶程度のハガキでつながっている相手は、私が大切にしたい人間関係ではありません。年賀状を廃止したことをある人に話したら、「それって大丈夫？」とひどく心配されましたが、その心配の意味が私にはわかりません。年賀状は私にとっては「無駄なエネルギー」であり、そのぶん、本当に長く付き合える人にだけ、しっかりとエネルギーを使いたいと思いました。年賀状を廃止した結果、まわりの心配もなんのその、私の暮らしは何も変わりませんでした。年賀状での近況報告はなくなりましたが、心でつながっている人からは、季節は関係なく連絡を取り合っています。私の人間関係は、私の大切な人たちだけで構成されています。とてもシンプルです。私の人間関係は少ないですが好きな人しかいません。

★ひとりになるということは、自分の本当の気持ちに気づくとともに、人間関係を整理し、シンプルで自由な生き方につながる。

ひとりは自由

私は二種類のひとりを経験しています。ひとつは、「ひとりになりたいわけではないのに、ひとりになってしまっていた私」。幼少期から主婦ヒキコモリの期間です。私はずっと人とうまくやれず対人関係にコンプレックスがありました。人の輪にうまく入れない私は自分をみじめに感じ、私なりに必死に（普通の人を装い）人との関わりをもとうとしましたが、どうしてもひとりになってしまう。それはアスペルガーの特性ゆえの結果でもあったと今では思いますが、ひとりになってしまう私はダメな人間だと「自分を責めるひとり」を経験しました。

もうひとつは、ひとりでいることを肯定しひとりの力を活かした私。ヒキコモリの年月、私は心理学を学ぶことで、ひとりは否定的なものではないことに気づくことができました。ひとりの時間があるからこそ自分の内面と向き合い自分の好きなものと出会えました。ひとりだったから大切な人間関係を整理できました。ひとりだからこそできる行動を選択し仕事につなげていきました。

ひとりになりたいわけではないのに、ひとりになってしまっていたときは、とても不自由でした。みんなと同じ行動ができないことで劣等感を募らせ、付き合いたくない人ともニコニコと自分を押し殺して付き合い、自分の本当にほしいものに気づかず、がんばっているのに心が満たされないことを感じながら、ただただエネルギーの無駄遣いで疲弊する毎日でした。

ひとりでいることを肯定しひとりの力を活かすことができはじめると自由になりました。ひとりでもいいんだと気づき、自分中心で世界を見るようになりました。物事の決定権は私にあり、相手からどう思われるではなく、私がどう思うか、どうしたいかによって物事は決まります。

多くの人間関係を維持する必要はどこにもなく、お互いを尊重し心のつながりの感じられる人とだけ付き合っていくことで、私のまわりは私が安心して関われる人だけになりました。対人関係と心が整理されメンタルが安定すると安心してひとりになることができ、興味のあることに没頭したり仕事に集中できるため、仕事や作業のパフォーマンスも上がります。

仕事において私がひとりで行動できたのも、私が安心してひとりになれたから。それは「心でつながっている=心の支え」があり勇気をもらえる関係がそこにあったから、私は堂々とアスペルガーの特性を発揮し結果を出しました。

私は今もひとりです。好きな人とだけつながり、好きな仕事をしています。ヒキコモリ的な生活は変わっていませんが、とても自由です。

第一章から第三章まで、私の「ひとり論」をお伝えしました。私が安心してひとりになれたことで自分の特性である過集中をうまく利用し、空気を読まずひとりで行動できるアスペルガーの特性を活かし結果を出してきたことをお話しました。

そうすると、本を読む方は、「それはアスペルガーだからできたことでしょう」「心理学の専門的な知識があったからできたことでしょう」と思うかもしれません。そうです、私がアスペルガーだからできたこと、心理スキルがあったからできたことでもあります。私はアスペルガーですが、私は「ひとり」に対する考え方をほんの少し変え、自分の行動を自分中心に変えただけ、です。それはきっと、誰にでもできることです。アスペルガーでもアスペルガーでなくても、心理学に詳しくなくても、ほんの少し物事の考え方を変え、今までと違う行動をするだけで、ひとりという自由を得ることが誰にでも可能です。

★物事の決定権はあなたにあり、あなたがどうしたいかで物事は決まる。

つながらない8のススメ

私は実体験のなかで安心してひとりになり、人間関係のほどよいつながりと自由を得ることができました。私の体験と知識が誰かの役に立つかもしれないと考え、私自身がアスペルガーのポジティブな特性をどのように活かし、カウンセラーによる心理学の知識をどのように役立てたのか、そのプロセスをまとめ、「つながらない8つのススメ」を抽出しました。

1　仲良くする人としない人をわける

このステップを実践すると人間関係のエネルギー配分が明確になります。人間関係に無駄なエネルギーを使わなくなり、大切な人や自分自身にエネルギーを向けることができます。

私はまず人間関係を整理しました。私はまわりの人みんなと平等に関わることはできません。だから本当に大切な人にだけエネルギーを使おうと思いました。人間関係を整理することはドライなアスペルガーが得意とする作業です。

2 考え方のクセに気づく

このステップを実践すると、自分を認めることで相手を認めることができ、心の柔らかさを得ることができます。

私は自分のなかにある歪んだ考え方や、物の見方のクセを修正しました。歪んだ考え方や、普通は、常識は、という自分の物差しで判断する物事の見方は人間関係を歪めこじらせていきます。自分や相手のためにならない考え方を持っている必要はありません。考え方を手放すことは「普通」「常識」という意識がうすいアスペルガーが得意とする作業です。

3 コミュニケーションを見直す

このステップを実践すると、言葉にして伝え合うことでコミュニケーションのズレや誤解を防ぐことができます。

私は自分の気持ちや意見を伝える、わからないことは聞くなど、言葉による適切なコミュニケーションを実践しました。人は言わなければわからないし、わからないことは聞かなければわかりません。相手の顔色を見て相手の言いたいことを勝手に想像して察した気になることは、相手の期待に応えることではありません。人の顔色を伺わず空気を読まないで発言する私にとって、言葉で伝えることは得意とする作業です。

4　聴く力、認める力を身に着ける

このステップを実践すると聴く力が身につきます。聴く力が身につくと、人間関係がとてもスムーズになります。

周囲の人間関係とある程度うまくやらなければ、せっかくのひとりも孤独になってしまいます。アスペルガーは物事をはっきりと言いすぎてしまうところがあり、気づかないうちに相手を傷つけてしまう特性があります。私が一般の人に受け入れてもらえるためには、人当たりの良いコミュニケーションスキルが必要でした。アスペルガーの私が社会で生きるために一番役に立ったスキルです。

5　身体の声を聴く

このステップを実践すると、自分のなかにある本当の気持ちをひきだすことができます。自分のなかにある答えを引き出すことができれば、自分のためになる判断ができるようになります。

人生に悩んだときは、身体に聞けば答えがみつかります。なぜならば答えはすべて自分のなかにあるから。自分と身体がつながることは「私はどうしたいか」など、本当の自分の気持ちに気づく大切な気づきにつながります。アスペルガーは感覚過敏があり、自分が内側で何を感じているのかがすぐにわかります。小さなモヤモヤやイライラを見逃しません。自分が好きな感じか、イヤな感じかをより分け、それをしたいか、したくないかの感覚に従い行動選択をします。自分自身との対話はアスペルガーが得意とする作業です。

6　自分の好きなことを見つける

このステップを実践すると、自分のために時間を大切に使うことができます。

好きなことを見つけると、ひとりの時間が楽しくなります。自分にとって必要のない人間関係に時間を使うことが無駄に感じられ、会う人を厳選し、自分にとって本当に必要な人と時間を共有するようになります。好きなことに夢中になっていると「私にはこれがある」という心の支えになり、人目が気にならなくなります。アスペルガーは自分の好きなものをみつけると没頭するため、これも得意とする作業です。

7　信頼できる人は1～2人でいい

このステップを実践すると、心に境界をひくことができ、いい人をやめることができます。私は「誰にでもいい顔」「みんなにいい人」はできません。人脈作り、友達作りは苦手です。しかし、苦手なことにエネルギーを使うより、自分にとって本当に信頼できる人だけを心から大切にしていこうと思いました。信頼できるその1～2人が心の支えとなり、人は安心してひとりになれます。浅く広い交友はないけれど、深く狭い交友スタイルのアスペルガーが得意とする作業です。

8　どう生きたいか、しっかりイメージする

このステップを実践すると、自分の夢や人生の目標を叶える可能性が高まります。アスペルガーは目的に突き進み、無条件にそれをせずにいられないというこだわりの特性があります。それをしたら明日、明後日どうなるか、という短期的発想ではなく、それを続けたら1年後3年後はどうなるか、という長期的発想を持っています。私は常に、5年10年先をイメージして行動選択をします。続けることに努力はしません。好きなことは自然に続きます。続けることはアスペルガーの得意な作業です。

私はこのようなステップを実践し、安心してひとり、ほどよいつながり、自由を得ました。これらのステップを実践することは勇気のいることで不安を感じる方もいるかと思います。

しかし、とても不思議なことですが、人間関係にほどよい距離を保ちながら安心してひとりをしていると、なぜか声をかけてくれる人が増えてきます。ひとりでいいや〜と思い、自分の思う道にまい進していると、いつからか人から声がかかるようになります。私の面談経験のなかでも、来談者さんが8のススメを実践し、同じことを体験したケースが多々あります。だから皆さん、安心して実践してください。

私は今でも基本的には安心してひとりでなのですが、以前より「知り合い」「なんとなく友達っぽい人」との関わりが増えてきました。「なんで私に声をかけてくれるんだろう」「なんで私を誘ってくれるんだろう」と、今までにないありがたい体験をしている状況があります。私が相手にどのようなイメージを与えているのかなど興味はないし、相手に聞くつもりもないので分析はしませんが、おそらくサッパリしていて余計なことを言わない付き合いやすい人に見えるのかもしれません。もしかしたら8のススメを経ることで、安心したひとりだけでなく、人を引き寄せる人間力も上がる効果もあるのではと、ひそかにほくそ笑んでいます。

★8のススメを体験し、ひとりの自由と人間力を手に入れよう

第四章　つながらない8のススメ

①仲良くする人としない人をわける

誰とでも仲良くなんてありえない

「私は人付き合いがヘタで、不器用な自分がイヤになります」

「誰とでもうまく付き合っている人を見るとうらやましくなります」

私のカウンセリングでよくあるご相談です。私も気持ちがよくわかります。

アスペルガーはコミュニケーション能力が低く、私も人との関わりについてはずいぶんと悩みました。


とくにアスペルガーは女子トークがとても苦手です。女子トークには「会話の目的」がありません。私には、彼女たちがとりとめもなく結論が出ない話しを延々と続けているように見えます。女性はその女子トークコミュニケーションで信頼関係や仲間意識を育みます。しかし、アスペルガーの私にとって女子トークは「無意味で無駄なもの」と認識されます。昨日のテレビの話、ファッションの話、占いの話、同僚のぐち、恋愛の話……すべて私にとってはどうでもいい話です。その話題に何の意味があるのかと思い、女子が話す内容を理解できません。よって女子トークについていくことができず、ついでに空気の読めない発言をしてしまうので、「変わった人」「急にヘンなことを言う人」と思われてしまいます。私は思春期の頃、「私は人と違うことを言っちゃうからヘンに思われてしまう。だからあまり人前で話すのをやめよう」と心に決めるのですが、また余計なことを言ってしまい失敗を繰り返してきました。

私がカウンセラーになり人様からご相談を聴く立場になったとき、アスペルガーの私だけでなく、ふつうの女性も人間関係やコミュニケーションに難しさを感じている方がとても多いことに気付きました。

「私は女性だけど、どうも女性との関係性が難しい」

「私は女性の群れが苦手。女性同士の会話に意味を感じない」

「女性の群れに入っていけない。群れている女性たちを見てうらやましい気持ちはあるけれど、自分も群れたいか、となると、それはちょっと違う」

彼女たちは生きる道にとって、女性同士のコミュニケーションは必須のスキルであることは充分にわかっています。だけど、わかっちゃいるけどそれができない状態。「私は私であればいい」「苦手な人とは距離をおけばいい」彼女たちは自分が本当はどうしたいかわかっています。

しかし、実際にはひとりになるのが怖いから行動におこせません。そのようなときアスペルガーの考え方は得だな、と思います。アスペルガーは基本的に自分中心なので、人間関係にがんばりません。他者に合わせることに価値を感じないので、自分にとって価値ある人間関係や物事にしかエネルギーを注ぎません。「そんな考え方で人間関係をやっていけるのっ⁉」と思われる方がたくさんいると思いますが、やっていけます。私がその行動をして人間関係に困ったことはありません。意地悪をされたこともないし（そういう人とは関わらないので）とても自由です。

一方、人づきあいに悩みを抱える女性には、共通の「いいところ傾向」があります。

人づきあい、とくに女性同士の関係に難がある女性はどこか男性的であり、理論的思考で判断や決断が早い傾向があります。女性同士のコミュニケーションスキルは欠如していますが、女性にはない感性を持っています。それはときにリーダシップ性であったり、女性性を飛び越えたカリスマ性だったり、個性的な才能をビシビシと私は感じます。そのいいところに彼女たちは気付いていません。そのような才能のある人は人づき合いに悩むより、自分のためにまっすぐエネルギーを使った方が成功します。才能があるのにエネルギーの使い方を間違っている人はとてももったいないのです。

そんな才能をもった女性が「みんなとうまく付き合えない私はダメな人間だ」という言葉を聴くたびに、私は違和感を覚えます。

周りの人みんなとうまく付き合えないことって、そんなにダメなことでしょうか？

人はみな同じで、平等に関わらないといけないのでしょうか？

★自分にとって価値ある人間関係や物事にだけエネルギーを注げばＯＫ。

人間関係がうまい人はエネルギー配分がうまい人

「人生をうまくやるには、仲良くする人としない人をわける」

これが私のモットーとする人間関係の考え方です。

私が思うに、人間関係をうまくやっているように見える人は、みんなと仲良くしているのではなく、エネルギー配分がうまいのだと感じます。

私たちは小さい頃から家庭や学校の教育のなかで「誰とでも仲良く」「誰にでも優しく」という教えをうけて育ちました。みんなに優しく平等に、という価値観が常識として意識に根強く植え付いています。

だから「みんなと仲良くできない私はダメだ（常識から外れている）」となり、自分を責めてしまいます。

みんなと仲良く平等にと努力しているのにもかかわらず、理想的な人間関係を築くことができないこともよくあります。平等ばかりを考えてしまうと、気の合いそうな人との距離を推し量ってしまったり、気が合わない人に無理に距離を近づけることになってしまい、結局、誰とも仲良くなれないという結果になります。

自分の好き嫌いを感じることなく平等ばかりを意識していると、そのうちどの人と気が合い、どの人が苦手なのか、わからなくなってしまいます。人の心は平等にはできていません。好き嫌い、合う合わない、得意不得意があります。それが個性であり性格です。自分のなかの「好き、嫌い」をわかっている人の方が、人間関係をうまくやることができます。

先にもお伝えしましたが人間関係をうまくやっているように見える人はみんなと仲良くしているのではなく、エネルギー配分がうまいのです。自分が好きで気が合う人にはエネルギーを注ぎ、それほど気が合わない人にはエネルギーを使っていません。

自分が好きで気の合う人にエネルギーを注ぐことは、本当に信頼できる人とつながる大切なプロセスです。まわりの人みんなと仲良くするためにエネルギーを大量に使って浅い関係を維持するより、仲良くしたい人としっかりつながるようポイントを絞ってエネルギーを使ったほうが、本当に必要なつながりだけを持つことができます。

つながらないススメをしているのに、本当に必要なつながりを持つ、ということは矛盾しているように見えます。しかし、安心して「つながらない」を実践するためには、信頼できる人の存在が重要となります。詳しくは⑦信頼できる人は１～２人でいい、でお伝えします。

一方、エネルギーを使わない、ということは、相手を無視する、相手を避ける、ということではなく「必要以上にエネルギーを使わない」ということです。

人間関係には最低限必要な関わりがあります。それは「あいさつ」と「業務連絡は伝える」こと。エネルギーを使わない関わり方とは、あいさつと連絡事項の伝達だけはする、ということです。

人間関係が上手な人を観察すると、誰にでもあいさつと、必要な業務連絡はしっかりやっていることがわかります。あいさつと業務連絡さえしっかりやっていると、一見、みんなと平等にうまくやっているように見えるのです。しかし、表面的には平等に関わっているように見えても、内面では平等には関わっていません。「心のなかのえこひいき」でいいのです。仲良くしたい人には、あいさつ、業務連絡の他に、さりげなくお茶に誘ってみたり、少しだけ個人的な会話をすればいいのです。しかし注意点もあります。大切なのはエネルギー配分を露呈しないこと。心のなかでえこひいきする分にはいいのですが、それが態度に出てしまってはいけません。「この人のことは好きだから、きらいなあの人の前でわざと見せつけるようにお茶に誘おう」など、自分のエネルギー配分をわざわざ見せつけるような行動はトラブルの原因になります。そもそも、嫌いな人にわざと見せつけるようなエネルギーの使い方は、嫌いな人にエネルギーを向けている状態です。それは単に意地悪な人に見えるだけで損をします。気をつけましょう。

人間のエネルギーには制限があります。たとえば人のエネルギー保有を100％とすると、人間関係で悩む人はまわりの人みんなにそれぞれ100％で接しようとします。嫌われるのが怖いので、つねに誰にでも100％で接します。そうして職場、友達、PTAなどの人間関係にエネルギーを使い果たし、夕方に帰宅するころにはグッタリとしてしまいます。人間関係でエネルギーをうまく使う人は、この人には20％、この人には50％と、自分のエネルギーに余力を残しながら付きあっているのです。

仲良くする人としない人をわけてエネルギー配分をして付き合う。エネルギー配分が必要なことはわかるけれど、今まで人間関係を全力でやってきた人には、誰にどのくらいエネルギーを配分すればいいのか、その基準がわからないと思います。それでは仲良くする人としない人を振り分けてみましょう。

★人生をうまくやるには仲良くする人としない人を分ける。

人間関係を3つに分けてみる

「職場の同僚がはっきりと意見を言う人なので気を遣って疲れます」

「ＰＴＡのママ友からお茶に誘われるのだけど断れずしんどい」

このようなご相談をされる方に、私は「その相手と仲良くしたいですか？」と質問します。するとほとんどの方が「仲良くしたくないけど仲良くしなきゃいけないと思っている」と答えます。仲良くしたくない人にエネルギーを１００％使っている状態では、本当にエネルギーを使って関わらなければならない人——それはあなたにとって本当に大切な人——大切な家族や子ども、恋人、親友などに関わるエネルギーがなくなってしまいます。

人間関係を３つに分ける考え方は、対人関係療法という心理療法に含まれる論理です。対人関係療法とは、ハリー・スタック・サリヴァンの精神医学における対人関係理論をもとに、主にうつに有効な治療法として開発された心理療法です。

あなたがある人物に対し悩んでいるのなら、あなたがエネルギーを使い悩むだけの価値ある人間関係なのかを３つに分類し、相手に対するエネルギー配分を見直してみましょう。

第一枠：重要な人物

第一枠には親、配偶者、恋人、親友など「自分にとって重要な人物」が存在します。既婚者の重要な人物は「配偶者」となります。子どもの重要な人物は「親」、独身者の重要な人物は「恋人」、思春期青年の重要な人物は「親友」など、プライベートで最も自分に近い存在というイメージになります。また、あなたを支えてくれる人、あなたが信頼できる人も第一枠に入るでしょう。

人にとっての大切な人間関係とは、この一枠がすべてです。一枠に存在する自分にとって大切で重要な人物にエネルギーの80％使いましょう。重要な人物とだけ仲良くできていれば安心してつながらない生き方ができ、シンプルで生きやすくなります。

どうして重要な人物とだけ仲良くしていれば、生きやすくなるのでしょうか。第一枠はあなたの悩み事、人生の問題、心の病につながりやすい存在です。第二枠・三枠の問題は、第一枠との関係によって影響が大きく変わってきます。詳しくは後ほどお伝えします。

重要な他者がいない人は、自分を重要な人物と設定することも可能です。自分が楽しいこと、集中できること、社会に貢献できることなどを見つけ、その行為にエネルギーを注ぐとよいでしょう。自分のために行動した結果、信頼できる人間関係と出会う可能性も広がります。

注意したいのは、あなたが母親の場合、あなたにとって重要な人物が「子ども」になるでしょう。子どもにとっての重要な人物は「親」ですので、あなたも子どもの気持ちに応えるよう、子どもにエネルギーを注ぐことは大切です。しかし子どもは成長します。思春期の頃には、子どもにとっての重要な人物は「友達」に移行します。そのときに母親がいつまでも子どもが自分にとって重要な人物だと位置づけていると、子どもとの関係のなかで感情の差がうまれてし

仲良くする人としない人を見分ける
＜あなたにとって一番大切な存在とは誰か＞

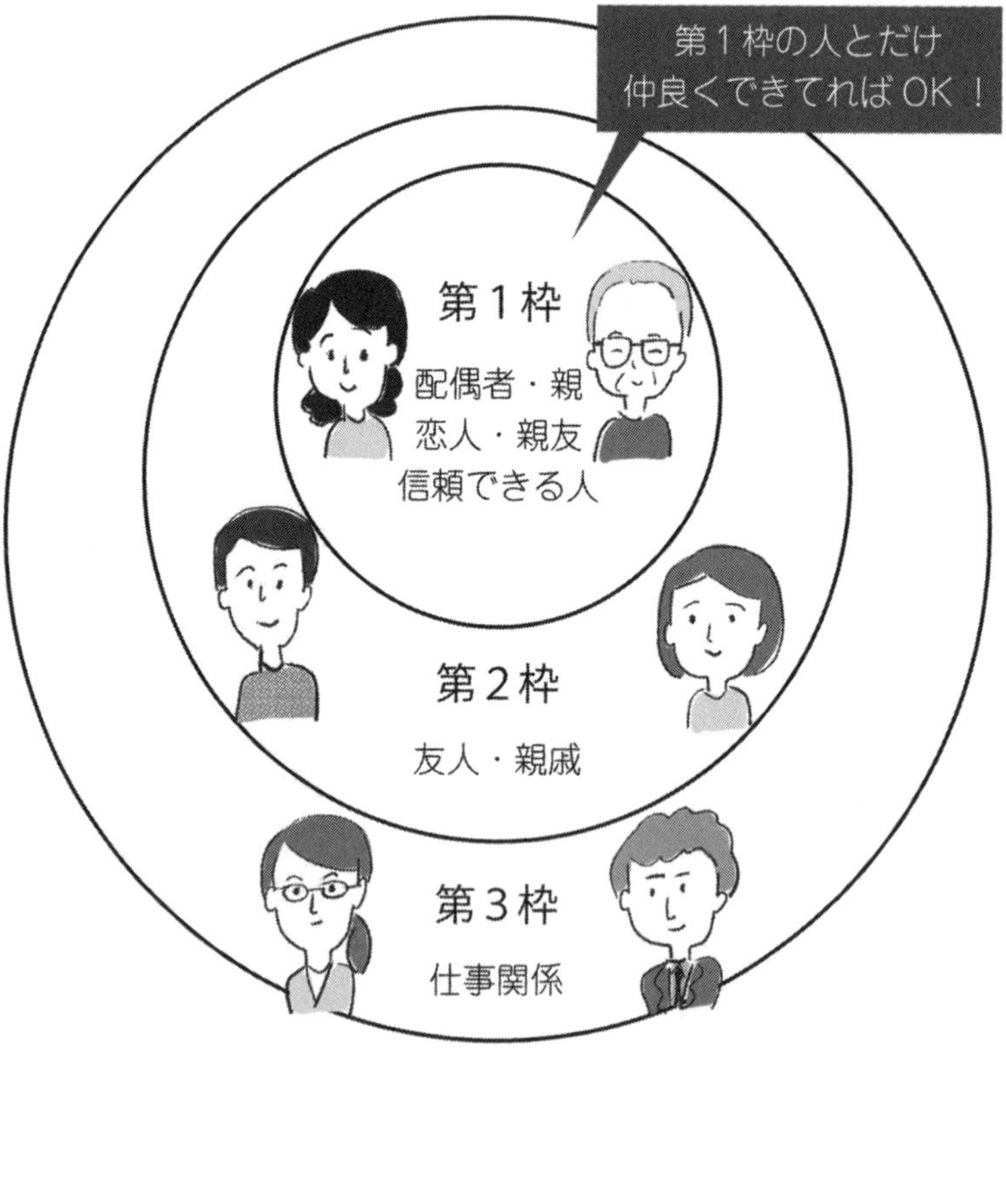

まいます。いつまでも子どもを子どもとして扱い、子どもの適齢に合わせた関わりができず、子どもへの依存となり適切な親離れ子離れがすすんでいきません。子どもが思春期に入る頃には、少しずつ子どもを重要な人物から外していき、子どもには一定の距離をもって見守る姿勢に切り替え、あなたのエネルギーは夫との関係や自分磨きなど、適切なところに向けはじめましょう。

第二枠：友人・親戚

第二枠には親友ではない友人、知人、ご近所さん、ママ友、義親、親戚など、自分にとって「そこそこ親しい人」が存在します。第二枠の人物とはほどほどに仲良くしてください。関わりのエネルギーは15％ほどで充分です。例えば義親と人間関係のトラブルがあった場合は、関係の改善にエネルギーを使うか、もしくは鈍感になるか自分で決めることができます。ここで大切なのは、その関係をどうするかは自分で決めることができる、ということです。義親があなたとの関係を決めるのではありません。

義親との問題を放っておいてストレスがたまるなら、思い切って改善にエネルギーを注ぎます。しかし関係改善をするためにエネルギーを使った結果が芳しくなくストレスが増えていくのなら、第3枠と同じように鈍感になり、その問題に関わることをやめましょう。問題を手放すことに不安を感じるかもしれませんが、あなたが改善にエネルギーを使った結果、互いを尊重する建設的な結果が得られないのであれば、義親とあなたはその程度の関係です。エネルギーを使ったところであなたのためになる人間関係には発展しないでしょう。こちらがエネルギーを使うことをやめ、義親の存在位置を第二枠から第三枠に移動させます。今後は義親に対するエネルギーは使わず、第三枠の基本的な対応「礼儀だけ守る」を実行すると、挨拶と報告をちゃんとする余計なことを言わない礼儀正しいお嫁さん、というポジティブなイメージを義親に与えます。

あなたが心のなかで義親を第二枠から第三枠に存在を移動させるだけで義親との関係はそれ以上悪化することはなく、あなたのお嫁さんというイメージも守られ、あなたのストレスも小さくなっていくことでしょう。義親を第二枠から第三枠に移動させることを人間関係の降格ととらえ抵抗を感じる優しい人がいます。あなたは倫理的で道徳的で正しいです。しかし、これはすべて「心のなか」でできることです。第三枠に移動したからと言って、義親に意地悪をしたり無視をするなどの行為をするわけではありません。あなたと義親にとって適切な距離が第三枠であっただけ、それがわかっただけのことです。人間関係のトラブルは、相手との関係性を把握し適切な距離（適切な枠の配置）を保てればほとんどおこりません。あなたと義親の幸せのためにも、義親を第二枠から第三枠に移動させることは適切な判断です。

第三枠：仕事関係

第三枠には仕事関係の人が存在します。主婦や家事手伝いの方でしたら、ＰＴＡ役員の仕事、町内役員の仕事などが当てはまります。第三枠の人物とは仕事がうまくいく程度に関わりましょう。関わりのエネルギーは５％で十分です。第三枠の基本的な対応は「礼儀を守る」です。礼儀を守るとは「挨拶と報告はちゃんとする」それだけです。第三枠の人物とは初めから仲良くしようとがんばらないでください。関わりの中で仲良くなる人とは自然に仲良くなり、自然と第二枠に位置されます。仲良くならない人、または苦手な人には礼儀だけを守りましょう。

私のカウンセリングには職場の人間関係がうまくいかないご相談が多々あります。そのときに、私はこの人間関係を３つに分ける考え方をお伝えします。たしかに職場の人間は、一日の時間のなかで家族よりも一緒にいる時間が長い関係です。そのため職場での人間関係は自分の人生にとってとても重要な関係と感じ、職場で人間関係にトラブルがあると人生最大の悩みと感じられる気持ちはよくわかります。しかしよく考えてみれば仕事を離れれば無関係の人たちです。職場の人間関係が自分の人生を支配しているように感じても、しょせんはその程度の人間関係です。

第三枠の人間関係でトラブルがあった場合は、それほどエネルギーを使わず簡単に改善できることは対応しますが、5％のエネルギーで改善しないことならば、その問題やその人間関係に対して鈍感になる選択をしましょう。

職場トラブルのご相談を伺っていると「私はこれだけ努力しているのに上司はその努力をわかってくれない」「私はみんなのためになんとかしようとがんばっているのですが他の人は知らんぷり」など「自分ばっかり苦労している」というお気持ちを聴かせていただくことがよくあります。たしかにみなさんは、本当に職場のためにがんばっておられます。そのようなお気持ちのクライアントさんに人間関係を3つにわける考え方をお伝えします。するとクライアントさんは「よく考えてみると、私以外の職員は職場で5％のエネルギーしか使っていないのかもしれない。だから私以外の人は普通の顔をして働いていられるのかも。私は職場に80％くらいのエネルギーを注いでいる。私80％、同僚5％では、人間関係に温度差がでるわけですよね」

仕事に一生懸命になることは良いことだと思います。しかし、あなたの職場環境やあなたの役職、ポジション、就業の契約状態（アルバイトやパートなど）によっては、あなたがその職場で疲弊するほどエネルギーを使うことは正しいエネルギーの使われ方かな、と疑問に思います。

私にとっての仕事は第一枠に存在します。家族と同じだけ仕事を大切にしています。私にとっての仕事とは「一生やっていく私の好きなこと」です。私の好きなことにエネルギーを多く使うことは、私にとっての幸福につながるエネルギーの使い方です。

★人間関係で悩んだときは人間関係を3つに分けてみる。

相手との距離を見極め悩みを整理する

本当に人間関係が上手な人は、誰とでも仲が良いわけではありません。

人間関係が上手な人は、付き合う相手によって自分のエネルギー配分が上手なのです。第一枠から第三枠について詳しく説明した通り、人間関係で悩んだときにはまず相手との距離を見極めてみましょう。

●相手との距離を見極めてみよう●

1　トラブルの相手が第二枠か第三枠かを見極める。

2　相手との関係にどれだけエネルギーを費やすか判断する。

その結果、第二枠の人物であれば関係改善にエネルギーを使うか、またはエネルギーを使わないか（鈍感になるか）、ストレスの増減で判断をします。第三枠の人なら関係改善にエネルギーを注ぐより、エネルギーは5％までと決めて関わっていきましょう。

★相手との距離を見極め、エネルギー配分を明確にしよう

重要な他者を大切にする理由

第一枠　重要な人物の解説では、人にとっての大切な人間関係とは、この一枠がすべてであるとお話ししました。重要な人物とだけ仲良くできていれば安心してつながらない生き方ができ、シンプルで生きやすくなります。なぜならば、第一枠はあなたの悩み事、人生の問題、心

の病につながりやすい存在であり、第二枠・三枠の人間関係で発生する問題は、第一枠との関係によって影響が大きく変わってくるからです。

わかりやすくお伝えするために、「リストラされた父親」を例えにします。

お父さんの加藤さんは、仕事をしっかりとやる人ですが、心のエネルギーは家族に向けられ、できるだけ家族と過ごす時間を大切にして暮らしてきました。ある日、加藤さんは会社からリストラを言い渡されました。長年真面目に働いた会社からのリストラ宣告は、加藤さんの心身に大きなストレスを与えました。落ち込む気持ちを抱えながら加藤さんは帰宅し、妻にリストラ宣告をされたことを伝えました。一家の大黒柱である自分が職を失うこと、今まで真面目に働いてきたことが報われなかったことのみじめさ、家族への申し訳ない気持ち、新しい職への不安など、加藤さんの気持ちは大きなストレスを感じていました。うなだれる加藤さんを見て妻はこう言いました。

「パパ。今までお疲れ様でした。大変だったね。失業保険もあることだし少し休むといいよ。パパを必要とする会社は他にもあるわ。私もがんばるから、パパは一人で抱え込まないでね」妻の言葉に気持ちが救われ、勇気をもらいました。加藤さんは家庭で安心してひとりになることができ心身を休ませ、じっくりと自分と向き合い、将来のことを考え行動した結果、無事新しい仕事に就職することができました。

お父さんの山本さんは、バリバリの仕事マン。家庭をかえりみず仕事に没頭していました。ある日、山本さんは会社からリストラを宣告されました。今までエネルギーのすべてを仕事に費やし必死にやってきたのに認められなかった落ち込む気持ちを抱え帰宅。妻にリストラを伝えたところ、妻はこう言いました。

「へぇ〜リストラ。それはご愁傷様。私は今まで家事も育児も全部自分でやってきた。だからあなたも自分のことは自分で責任をとってね」自分のつらい気持ちを一番理解してほしかった妻に、理解してもらえなかった。山本さんはリストラだけでなく、ここにきて夫婦関係の問題（妻の気持ちに今さら気づいた）にも直面しました。山本さんの心身状態はどんどん悪くなる一方です。

加藤さんは家庭にしっかりとエネルギーを注いでいたため、加藤さんのピンチのとき、家族が加藤さんを大切に受け入れ勇気づけをしてくれました。家族との信頼あるつながりがあったからこそ加藤さんのストレスは最小限に抑えられ、加藤さんは回復し人生を立て直すことができました。

しかし山本さんは、家庭にエネルギーを注いでいなかったため、家族との信頼関係が希薄でした。一番理解してほしい家族に理解を得られず、山本さんのストレスは最大限に達し、心の病を患う確率も上がります。

人は人生を生きていれば必ず対人関係のストレスがうまれます。しかし第一枠の重要な人物との信頼関係があれば、第二枠、第三枠の人間関係のなかでトラブルが発生したとしても、第一枠の重要な人物に悩みを話し、勇気づけてもらえることで、第二枠、第三枠で発生したストレスは小さくなっていきます。

あなたが職場の人間関係（第三枠）でイヤな思いをしても、あなたにとって信頼できる重要な人物（第一枠）に話をすれば、きっと翌日にはいつも通り職場に行くことができるでしょう。

★第一枠の重要な人物だけと仲良くできていれば、人間関係はすべてうまくいく。

エネルギーの間違った使い方

よりこさんはお子さんの家庭内暴力の相談でご来談されました。

よりこさんは中学生のお子さんが家庭内で暴力的にふるまうことが多くなったことをきっかけに、自分の母親としての在り方に悩みを抱えるようになりました。よりこさんは「仕事と子育ての両立ができていなかったのでは」と、自分を責めているご様子でした。よりこさんはとてもがんばり屋で、お子さんにも職場にも義親にもＰＴＡにも、よりこさんなりにどの場面でも全力で関わってきました。それが自分のいいところであり、それで家族関係や人間関係をうまくやっているとよりこさんは思っていたようです。そこで私は現状を整理するために、よりこさんの人間関係を３つにわけてもらいました。よりこさんのエネルギーは正しく使われているのでしょうか。

よりこさんに第一枠から第三枠までの説明をしたところ、よりこさんは目を伏せて少し考え、そして私に言いました。

「私は今までずっと、仕事やＰＴＡ役員（第三枠）、義親やママ友（第二枠）にエネルギーを注いでいました。仕事や役員会から帰宅すると私は外でエネルギーを使い果たし、心身ともに疲れ果てて夕食を作れず横になってしまうことや家族に対して不機嫌になってしまうことも多くあります。子どもや夫とコミュニケーションをとらなければと思っているのですが自分のことで精一杯になってしまい、そして、そんな私の状況を（それは私自身が作った状況ですが）家族は理解してくれているだろうという甘えがありました。私はエネルギーの使い方を間違えていました。エネルギーの使い方が間違っていたことを、子どもが私に教えてくれていたのですね……」

その後よりこさんは仕事を続けながら自分をとりまく人間関係と役割を整理しました。面談を続ける中で、自分のなかに「いい人に思われたい」「嫌われたくない」という思い込みがあることに気づき、カウンセラーとその思い込みについても話し合いました。よりこさんは家族にエネルギーを向けるよう意識したところ、少しずつお子さんの反抗的態度が改善され、お子さんが暴れる前に親子の会話によって解決するシーンも増えてきたそうです。

★エネルギーを間違った方向に向けると、家族関係や人間関係に歪みが生じる。

認めてくれる人にエネルギーを使う

「私はこれだけがんばっているのに、相手はわかってくれない」「私は相手にこれだけ気を遣っているのに、相手は私の気遣いにまったく気づいていない」「私は相手に合わせているのに、相手はそれが当たり前という態度をとる」私のカウンセリングでクライアントさんがよくいう言葉です。自分が相手に向けたエネルギー量と、相手が自分に向けるエネルギー量に差を感じることは気分の良いものではありません。このような気持ちになる場合は、その相手へのエネルギー配分を見直すタイミングです。

人には「承認欲求」があります。人は人に認められることで心が満たされ安心します。SNSの「いいね！」の数が多ければ多いほど気分が良くなり安心をします。子どもが転んで泣いたときにお母さんが「痛かったね、痛くて涙が出ちゃうね」と子どもの気持ちを認めると、子どもは安心をして気分を持ち直します。

人は自分のがんばりや苦労、成果を、相手に評価し認めてほしい気持ちがあります。認めてもらえると気分がよくなると同時に、「この人は私を理解してくれた」と「つながり」「信頼」

を感じることができます。承認欲求とは悪いものではなく、互いに承認し合うことができれば

つながりや信頼がうまれ、それが勇気や元気・励みになり、生きやすさにつながります。

多くの人は意識的にも無意識的にも「お互いに認め合うと生きやすくなる」ということを知っています。だから相手に気遣ったり、相手を尊重するという意味で譲ったりします。しかし結果的に「なぜ相手は私の気遣いに気づかないのか」「どうして相手は私の気持ちを察しないのか」という気持ちになった場合は、そもそもその相手は「認める力がない」のかもしれません。

人は相手に認めてほしい心理があります。しかし「人を認める」ということはスキルです。人を認める力は人それぞれで、人を認める力がたくさんある人と、人を認める力が少ない人がいます。あなたが相手に認めてほしくていくらがんばったところで、相手に人を認める力がなければ、あなたのがんばりは永遠と認められません。あなたはそれに気づかなければ、認める力のない相手に、永遠と努力をし続けることになります。

★認める力がない人に、認めてもらおうとしない。

家族との適切な距離

私の面談に、実母との関係に悩むまりえさん（既婚者）がご相談にいらっしゃいました。「私は母親に自分を認めてもらいたくて、母親の気に入るようにふるまい、何をするにも母親の機嫌を伺い母の意見に従います。自分のことは後回しで、すべて母のいいように行動してきました。しかし母は一度だって私をほめてくれないし、ありがとうも言ってくれない。私はこんなに母のために努力をしているのに、母は一度だって私を認めたことがありません。私は母から認められるために、もっともっとがんばらなければならないのでしょうか」

私はまりえさんのお話しを聴かせていただきながら、まりえさんの「愛されたい」という心の叫びを痛いほど感じました。しかし同時に、まりえさんは実母に対するエネルギーの使い方が間違っているとも感じました。

私はアスペルガーなので人間関係にとてもドライです。もともと多くの人と理解し合いたい欲求がなく、心理学の観点から言っても、人にはそれぞれ物事を見る角度や解釈が違うことも知っています。「私と相手は違う」ということが人間関係の大前提にあります。よって私が、「この人に理解してほしいな」と思ったときには、お互いを理解するために相手に対し一定のエネルギーを使い関わります。しかしなかなか相手に理解してもらえない場合は「この人は認める力が少ないな」と判断し、相手に対するエネルギー量をいとも簡単に、なんの感情もなく、減らします。相手を嫌うことも、批判する気持ちもなく、単に「この人は認める力が弱いんだな」と思い、減らします。相手に対してがんばらなければそれ以上のストレスは感じません。がんばって自分の気持ちや意見を認めてもらおう、理解してもらおうと努力するほどにストレスになるのなら、早々に退散します。私の言い分が誤解されたままになったとしても、それ以上関わりません。わざわざトラブルをうむ必要はないからです。その人とはそれまでの関係だと内面で割り切ります。表面的には穏やかに終結し、相手にダメージも与えません。エネルギー量を減らした相手に対して申し訳ないとか、私は悪い人間だなどの罪悪感は持ちません。なぜならば相手は人を認める力が弱いので、私が申し訳ないと思ったり自分を責めたところで、その気持ちも認められることはないからです。その相手が血縁関係だったとしても、私はその血縁者と距離をとりエネルギーを減らします。それがお互いのために最も適切な距離であり、適切なエネルギー配分になるからです。

「血は水よりも濃い」ということわざにもあるように、血縁関係というものはとても深いつながりあり、切っても切れないものとされています。

そのような概念からか、血縁関係で問題を抱えていたとしても、血縁関係者と一定の距離をおくことに罪悪感や抵抗感をもたれる方が多くいます。もちろん血縁関係は大切にするにこしたことはありません。しかし血縁関係だからといって、血縁者があなたを認めてくれるとは限りません。なぜならばその人は血縁者である以前に「ひとりの人間」だからです。あなたと相手は「違う人間」なのです。

あなたが「血は水よりも濃い」ことで親子関係に問題を抱えるならば、私は「遠くの親戚より近くの他人」を採用することをすすめます。この考えは、第一枠の重要な人物とつながります。

まりえさんのように、実母との関係に悩むクライアントさんには、パートナー（近くの他人）との関係がうまくいっていない傾向がよくみられます。

まりえさんのお話しを伺った後、私はまりえさんに、第一枠から第三枠について説明をしました。その上で「まりえさんが本当にエネルギーを注ぐ必要があるのは誰ですか」と質問をしました。まりえさんはしばらく黙った後、思いつめたような表情で言いました。「夫です」

まりえさんは夫婦関係にも問題を抱えていました。夫とは子育ての価値観が合わずケンカばかり。子育てのことでケンカがはじまると子どもが不安な顔をするそうです。本当はもっと夫に子育てを協力してほしい。育児の不安を共有してほしい。私を大切にしてほしい。まりえさんは言いました。

「きっと夫から認められ愛されていると感じることができれば私は母へのこだわりがなくなり、母への無駄なエネルギーを減らすことができます」

まりえさんががんばって注ぐべきエネルギーの相手は実母でしょうか。「愛される」を得るためにエネルギーを注ぎ努力を向けるのは母親ではありません。実母にエネルギーを注いだところで夫婦関係は修復されません。まりえさんの結婚生活はこれからまだ長く続きます。夫は親よりも長くいる相手です。まりえさんがエネルギーを注ぐべきは「近くの他人」である夫です。夫との関係改善にはエネルギーを注ぐ価値があります。夫との関係が改善されれば家庭が円満になるうえに、母へのこだわりがなくなり適度な距離を保つことができます。まりえさんの人生を生きやすくするためには、まず第一枠の重要な人物にエネルギーを注ぐべきなのです。

★家族間でもほどよいつながりが必要。

②考え方のクセに気づく

あなたの中の常識…それって本当？

私は女子トークが苦手です。女子の話す話題についていけない自分が悪いのですが、なにより女性がよく使う「普通はさぁ」「それって常識でしょ」がとても苦手です。発達障害者は「普通」や「常識」のボーダーが定型発達の人とは違います。発達障害者それぞれに独特なやり方や解釈の仕方があります。定形発達の人と脳の処理機能が違うため、発達障害者は遠まわりでも自分なりのやり方を見つけて物事に対応をしています。

私もとても要領が悪い作業の仕方をしますが、私は自分がやりやすいやり方を知っています。私のやり方を見て「普通はこうするでしょう」「常識的に考えればわかるでしょう」と言った人が過去に何人もいましたが、私は気にしません。だってそれは、あなたの「普通・常識」であって、私の「普通・常識」ではないからです。あなたにとってその方法は不便でも、私にとっては便利なのです。

私は発達障害でよかったと思うことが多々あります。そのひとつが、この「普通」「常識」というボーダーが一般社会の人よりも低いことです。なぜならば「普通」「常識」という考え方は、人間関係をややこしくして生きづらさを生むからです。

私はカウンセラーになり女性の悩み事を多く聴いているうちに、人間関係に悩みやすい人には「普通は」「常識では」という口癖があることに気づきました。

「ママ友に旅行のおみやげを渡したがお礼を言ってこない。常識的に考えたらお礼の一言くらい言うと思うんだけど」「職場の同僚に残業をお願いしたところ断られた。普通は断れないよねぇ」「私は女性の輪の中に入れない。普通の人だったらもっとちゃんとコミュニケーションできるのに」……

私は思います。その「普通・常識」は誰の基準でしょうか。あなたのその「普通・常識」を物差しにして物事を解釈することで批判的な気持ちになるのなら、今一度、あなたの、その「普通・常識」が本当に普通で常識なのかを疑い、考えてください。あなたの、その「普通・常識」という価値観が、自分を苦しめ、あなたの人間関係を歪めているかもしれません。人間関係にトラブルがあれば、いつまでたっても人間関係のしがらみからは抜けられません。

「普通・常識」は、わずらわしい人間関係に悩みがちな人がよく言葉にする口グセです。人間関係に巻き込まれやすく、ストレスを感じやすい、だけどひとりにもなれない人。自分の価値観でしか物事を見ることができないため許容範囲が狭い。相手が自分の思い通りにならない、または相手が想定外のことをすると「普通はさぁ〜」「常識では」という言葉で自分を「正しい」と位置づけします。自分の思い通りにならなかったことや相手の行動が理解できないことでストレスを感じたときは、相手のことを「相手は普通ではなく常識もない悪い人、またはヘンな人」と一方的にジャッジし、相手との人間関係がどんどん悪くなっていきます。

「山田さんは来月のボランティア活動も欠席するって。普通そこまで欠席できないよねぇ。だから私、今度山田さんに会ったらひとこと言ってあげようと思うの。『ボランティアは素晴らしい活動なんだから毎回出席するのは常識よ。毎回出席している活動員と足並みをそろえることができないならやめてもらっていいです』ってね」

「先週、友達に紹介された男性と食事デートをしてきたんだけど、その男性は私の前でパフェを2つも注文して食べたのよ。信じられない！　女性の前で非常識よね」

人は物事や出来事を見るとそれが正しいか間違っているか「判定」「ジャッジ」をしたくなります。物事をジャッジする人は、あたかも自分が中立の立場でジャッジしているつもりですが、その判定はその人のなかにある価値観で判断されています。

一般的に人が何かを判断するときは、個人的な「良い（常識）⇔悪い（非常識）」「好き（普通、受け入れられる）⇔嫌い（非普通、受けいられない）」の価値観が判断基準になりがちです。自分が「好きで良いこと、理解できること」は受け入れやすく、「嫌いで悪いこと、理解できないこと」は受け入れにくく、それは間違っていると判断すると、その人を仲間や組織、自分の心から排除しようとする心理が働きます。

普通・常識などの「正しさ」を盾に自分の主張をしてくる人は、その普通や常識で物事が解決できると思っています。しかし、人間同士のトラブルは、普通や常識だけで解決できることは何ひとつありません。

私はアスペルガーなので普通・常識のボーダーが低いです。自分がヘンテコなことをやったり言ったりするので、相手が自分の理解できないことを言ったりやったりしても、私は「この人はそうしたいんだな」と思うだけ。なぜそんなことするんだろう、どうしてそんなことを言うんだろう、そんなこと言うなんてひどい、などの、なぜ・どうして・批判などのマイナスな感情はでてきません。私が、なぜ・どうしてと思うときは、私が相手の行動や心の動きに興味を持ったときだけです。それは相手を批判する感情ではなく、相手を知りたい、というプラスの感情です。

私は自分が人とは違うところがあることをすっかり自覚しているので「自分と相手は違う」という感覚が浸透しています。だから相手がヘンテコなことをしても、非常識なことをしても「そーいう人もいるかもね」ですませます。それが一番平和でストレスがありません。わざわざ相手のやったことを良か悪か正しく判定しようとしてイライラしても何の得もありません。もちろん自分に被害がありそうなときには、相手に対しエネルギーを使い「それはこうしてほしい」とお願いをします。

この「自分と相手は違う」という言葉を知っている人は多いけれど、その感覚を本当に自分に染み込ませている人はあまりいません。私も以前は、自分と相手は違う人間だと頭でわかっていても、「これくらいできて当然でしょう」「こんなこともできないの」と他者に対して思ったこともあります。しかし自分が発達障害だとわかったときに、本当に心の奥から「人はそれぞれに違うんだ」と身に染みて理解することができました。自分と相手は違う、そこに普通や常識はない、その人それぞれの考え方ややり方があるという視点で物事を見るためには、そのように意識をする訓練が必要です。

★「自分と相手は違う」が念頭になければ人間関係はうまくいかず、いつまでもしがらみから

自分を分離できない。

がんばりやさんほどマイルールが多い

私のカウンセリングルームは母親専門です。母親の皆さんは毎日がんばっています。育児も家事もご近所付き合いも子どものための人間関係も。お母さんたちはこんなにがんばっているのに悩みはつきません。

まわりのお母さんを見るととても明るく前向きで「私も良い母でなきゃ」「私もポジティブであるべき」「私のネガティブは出てこないで」と、お母さんたちは自分と誰かを比べ、自分にダメ出しをして人前や家庭でがんばろうとします。しかし、がんばっても空回りをしてしまうときがあります。すると「私ってやっぱりダメな人間だ」と自分で自分を追い込んでしまいます。

人前でがんばろうとする人は「～するべき」「～ねばならない」「～であるべき」という「べき思考」を持っています。わかりやすく言うと、自分のなかのマイルールです。

「私はいい人でいるべき」「私は謙虚であるべき」「私はガマンするべき」「私は感情を出してはならない」「すべて完璧にしなければならない」

これらはすべて「べき思考」であり、自分が自分に課せているマイルールです。これら「べき思考」が、がんばりすぎ、明るくなれない、誰かと自分を比べてしまう、人目が気になる、などの要因をつくっています。

がんばり屋さんほど、このマイルールをたくさん持っています。しかし、このマイルールをやればやるほど空回りをしてしまいます。こんなにがんばっているのにうまくいかない、空回りする→自分はダメだ、と思い込んでしまいます。このマイルールが人間関係を難しくしている源です。このマイルールは、育った環境や親から受けるしつけなどで受け継がれるものです。

和代さんは義妹との関係に悩んでいました。和代さんはとても気が利くお嫁さんです。長男の家に嫁ぎ義親と同居をしています。和代さんは長男の嫁として、家族や親せき、ご近所にまつわることは完璧にこなしています。お歳暮、お中元、身内のお祝儀、お墓の清掃、盆の親戚集まり、お金の管理、義親の体調管理。

和代さんは毎日お嫁業をがんばっているのですが、和代さんは義妹にけむたがられていることに気づいています。和代さんも義妹のことはあまり好きではありません。義妹はとても自由に振舞います。お中元や身内のお祝儀など、家族なのに足並みをそろえようとしません。これは義妹のためにならないと判断した和代さんは、義妹に「家族だったら年に2回はお墓参りに行くべき」「家族だったら身内にお祝儀は渡すべき」「お盆のときに旅行に行くのは非常識」と教えてあげました。義妹は「わかりました」と言いましたが義妹のふるまいは変わらず、さらに和代さんとの関係も悪くなっていきました。和代さんは「私は義妹のことを思ってせっかく教えてあげたのに義妹は理解してくれない」と腹立たしくなりました。

私はお話しを聴いたあと和代さんに「家族の行事にそんなにエネルギーを使うのは何のため？」と尋ねました。和代さんは「何のためとかではなく当たり前のことだからです」と答えました。

和代さんは子どもの頃から実母が家族や親せきに関わる姿を見て育ちました。実母は完璧にお嫁業をこなし、いつも和代さんには「長男の嫁はこうあるべきよ」「それが一番うまくいく方法よ」と言葉と態度で示していました。和代さんが実母から「嫁とはこうあるべき」という理想を植え付けられたのは言うまでもありません。

私はもうひとつ和代さんに尋ねました。「実母はお嫁業を楽しそうにやっていましたか?」

和代さんは「……実母は楽しそうではありませんでした。お嫁さんとしてやるべきことをやっている、身内から文句を言われたくないからやっている、やらされている、そんな雰囲気でした。私だってべつに楽しいわけではありません。お墓参りだって親戚への挨拶だってその時間があったら家族とおでかけしたい。私はお嫁さんとしてやるのが当然だからやっているだけです」

和代さんは自分のやっていることは常識であり、お嫁さんとしてそうあるべきと思い込んでいました。しかしそれらのルールは和代さんの実家のルール、実母のつくったルールであり、嫁いだ先の家族で適応できるルールではありません。和代さんにマイルールがあるように、義妹にもマイルールがあります。義妹との不仲は、和代さんが自分の価値観である「べき思考」を相手に押し付けてしまったことが原因であったことがわかりました。

このように、べき思考は親から子どもへ受け継がれます。しかし、ここで気づいてほしいことは、べき思考は持ってうまれたものではなく、成長過程のなかで植え付けられた「後付けの価値観」です。後から植え付けられたものであるのなら、それを持ち続けることも、捨てることもできるのです。その価値観が自分の役に立っておらず、人間関係を歪める原因になっていることに気づくことができれば、あとはその「べき思考」をどうするか、自分で決めることができます。

あなたが「私はいい人でいるべきだから断れない」「私が我慢すべき。そうすればこの関係はうまくいく」などのべき思考でつながっている人間関係には、ストレスや自己犠牲がつきまといます。そのようなつながりは不健康です。そのがんばりや、その人間関係が本当にあなたのためになり、あなたにとって大切な人間関係なのかよく考えてみましょう。

★べき思考は親から子へ受け継がれる。しかし後付けの価値観のため、捨てることもできる。

べき思考の罠

自分がどのようなマイルールをもち、どのようなべき思考を持っているかを知ることはとても大切です。自分にも相手にも良いマイルールは持ち続けるとよいのですが、自分にも相手のためにもならないマイルールは見直す必要があります。マイルールには自分にも相手のためにもならない罠が仕掛けられています。

＊罠あるあるケース1

〇〇のために～～しなければならない、と自分で自分を縛ってしまう。

友美さんは友達から「明日みんなでランチをしよう」と誘われましたが、明日は彼氏のアパートに行ってお掃除をしなければならないため、友美さんは彼氏のためにランチを断らなければなりませんでした。友美さんは彼氏が喜ぶだろうと思うことを、彼氏のために一生懸命にやりました。しかし彼氏は友美さんにありがとうの一言もないまま、自分の好きなように過ごします。次第に友美さんの心のなかで「私は彼氏のためにこれだけがんばっているのに」「私ばっかり損している」とネガティブな感情がふつふつとでてきました。そしてとうとう彼女は爆発します。「あなたってほんと自分勝手！　私は同僚とのランチまで断ってあなたの世話をしているのに、感謝の言葉もないの！？」と、彼氏を責めてしまいました。彼氏は彼女を重く感じ、しだいに気持ちが離れていきました。

誰かのために何かをしなくてはならないという思い込みで行動をすると、人間関係がドロドロとしていきます。友美さんは彼氏から感謝の言葉をもらうことができませんでした。それは当然です。彼は彼女にそこまで望んでいないからです。彼氏は友美さんに世話をお願いしたわけではないので、軽くありがとうと言う程度か、または、彼女が勝手に好きでやっていることだろうと思ってもおかしくありません。

自己犠牲的な関わりは自分自身だけでなく相手まで疲れさせてしまいます。相手はこうしてあげたら喜ぶだろうと勝手に思い込み、良かれと思い行動したとしても、相手はそれほど喜ばないことはよくあることです。相手のために何かをすることは良いことですが、相手から見返りを求めないようにしましょう。あなたが相手のためにすることは、あなたがしたいからするのであって、相手のためではなく自分のための行動なのですから。

＊罠あるあるケース2

～すべき、～であるべき、と思っていることができなかった時、自分自身が落ち込んでしまう。

涼子さんは転職をし新しい職場に就職しました。涼子さんは人との関わりがあまり上手ではないと自覚があります。そのため涼子さんは少しでも早く職場になれるよう、涼子さんなりに努力をしました。しかしなかなか職場の環境になれません。昼食の時間を使い少しでも職員の輪に入るよう努力するのですが、新人としてどのように振舞うのが正しいのかわかりません。昼食や仕事のとき、職員と関わろうとすると緊張で言葉がうまく出てこず、コミュニケーションがうまくとれません。涼子さんより一週間前に入社した頼子さんは、職員と上手にコミュニケーションをとっています。涼子さんは自分に苛立ちを感じます。「私はもっと早く職場になれるべきだし、職員と上手に会話をしてみんなの輪のなかに入るべき。頼子さんはできているのに私はできていない。やっぱり私は何をやってもダメな人間なんだな」涼子さんはできない自分を責め落込みが続き、出社がつらくなってしまいました。

私は~すべき、私は~であるべき、と自分のなかにある「理想的な自分」の通りに行動できないと、自分が無価値に感じてしまうことがあります。涼子さんのなかには「人とは誰とでも仲良くすべき」「いい人でいるべき」「輪の中に入ってうまくやるべき」「会話をしてコミュニケーションすべき」「それが人間関係をうまくやる方法だ」というマイルールがあります。しかし、新しい環境では思い通りにいくことばかりではありません。

涼子さんは職場の人とコミュニケーションをとろうとしています。涼子さんはコミュニケーションを「会話のキャッチボール」と定義しているようです。しかし、コミュニケーションとは会話のキャッチボールだけではありません。自分は言葉を出さなくても、相手の話をしっかりと聴くだけでコミュニケーションは成立します。涼子さんはもともとあまり人付き合いが得意ではありません。得意ではないのに、人の輪に入り会話をする、という方法で職員との距離を縮めようとしていますが、わざわざ不得意な方法をつかってコミュニケーションをとること自体、ストレスに感じます。

また、会話でのコミュニケーションを得意とする頼子さんと自分を比べてしまうことも、自分を追い詰める結果につながってしまいます。職場は仕事をする場所であり学校ではありません。必ずしもみんなと仲良くするべき場所ではありません。職場の人間関係にエネルギーを使う必要はなく、涼子さんは職員に対し挨拶と報告だけしっかりとしていれば、自然と職員に良いイメージを与えることができるのです。

＊罠あるあるケース3

自分がきめた「〜すべき」で相手を縛ってしまう。

友恵さんのお子さんは小学3年生の里奈さんです。友恵さんは里奈さんの成長を第一に考え毎日家事をしています。とくに食事作りにはとても力を入れています。スナック菓子は禁止で、おやつもすべて友恵さんの手作りです。成長期の里奈さんにとって食事は身体をつくる基本です。そのため友恵さんは薬膳の教室に通い、栄養バランスのよい食事をつくる勉強もしました。

しかし、友恵さんが薬膳の知識を活かした栄養バランスの良い食事を作れば作るほど、里奈さんは食事を残します。友恵さんは里奈さんのために手の込んだ食事を一生懸命つくっているのに、しっかりと食べない里奈さんを腹立たしく感じるようになりました。里奈さんが食事を残すと「なぜ食べないの?」「あなたのために作ったのに」「食事をしっかりと食べることは常識でしょう」など里奈さんを責めてしまうようになり、里奈さんが食卓で泣いてしまうことが増えました。

べき思考の罠のなかで一番やっかいなのが、自分のルールを相手にも押し付けてしまうことです。自分のなかにあるべき思考は、「これは当たり前のこと」とされ、普通でしょ、常識でしょ、という形で相手にも強要されてしまいます。しかし、それは当たり前ではなく単なる主観です。自分はそれは当然と思っていても、相手は違います。友恵さんは子どもの成長にとって栄養バランスの良い食事がとても大切だという信念があります。それは正しく理想的です。しかし、里奈さんにも食の好みがありますし、食事の時間に空腹でないこともあります。友恵さんが良いと思ったことを里奈さんに押し付けてしまい、その結果里奈さんを責めてしまうようでは、親子関係がズレてしまい、里奈さんの成長に大切な心の栄養が不足してしまいます。

他者との間にコミュニケーションのズレ、イライラ、腹立たしさを感じたら、あなたのマイルールを「当たり前」とし、相手にあなたの当たり前を強要していないか、自分を見返してみましょう。

★マイルールには自分のためにも相手のためにもならない罠がある。

自分の主観を押し付けない

友恵さんと里奈さんのケースでお伝えしたように、物事を自分の主観で判断し、それを当たり前のこととし、自分の主観を相手に押し付けてしまうことから人間関係のズレやトラブルに発展します。

人間関係のズレ、トラブルの原因は、物事の見方のズレ「主観の違い」からうまれてきます。物事や問題を見るときは客観的、中立の立場で物事を見て判断する必要がある。なぜならば、主観や自分の価値観で物事を見ると判断が偏ってしまうから、ということは多くの人がすでに知っています。

しかし、客観的に物事を見ることはとても難しいことです。アドラー心理学の認知論では「人間は自分の主観的な視点を通してでしか物事を把握できない」としています。これを言い換えてみると、人が物事を客観的に見ることは不可能だ、という解釈になります。

たとえば、一枚の絵を見て、気になったところをひとつあげてみましょう。Aさんは「全体の色が明るい」、Bさんは「絵の中の動物がかわいい」、Cさんは「とても古い絵」、など、ひとつの物を見てもその人がその物をどのような視点から見るかは、人それぞれです。そして、どの見方も間違っていません。その人が、その物事のどこを見ているかによって、物事の解釈もその行動も大きく違ってきます。だから、自分と相手が物事を違う見方、違う意見、違う感情をもつことは自然なことなのです。

人は相手と自分の意見や考え方が違うと「あの人とは合わない」「あの人を理解できない」と、相手を遠ざけようとします。しかしそもそも、人がそれぞれにもつ視点は様々で、物事の見方、考え方、捉え方が完璧に一致することはありません。

れいこさんは夫と性格が合わないといいます。夫は家事に協力的ですが、食器にご飯粒の洗い残しがあったり、洗濯の干し方も雑なため、結局れいこさんがすべてやり直しをします。夫は自分のやったことをすべてれいこさんにやり直しされてしまうので、そのうち家事に協力をしなくなりました。夫が思い通りに動かないことで、れいこさんはさらに夫に苛立ちを感じています。

私は夫に会ったとき、家事について聞いてみました。「食器洗いについて、れいこさんは油汚れをしっかり落とさない。だから僕は、油をしっかり落として食器がキュッとなることを心掛けていた」「洗濯については、洗濯物をベランダから取り込むときに簡単に取り込めるように考えて干していた」夫は夫の視点で物事を判断し行動をしていました。

夫のやり方はれいこさんのやり方と違うだけで、間違っているわけではありません。私は夫の視点をれいこさんに伝えると、れいこさんは「夫のやり方は段取りが悪い」と言います。それではれいこさんの「良い段取り」という定義は何でしょうか。その「良い段取り」は国際基準でしょうか。それはれいこさんの「良い段取り」という主観であり、夫に主観を押し付けているだけです。食器を洗う、洗濯物を干す、という目的はれいこさんも夫も達成しています。

大切なのは、どっちの考え方、やり方もアリ、ということです。

れいこさんのケースのように、相手のやり方に苛立ちを感じたときは、自分の主観で相手のやり方をジャッジしているときがほとんどです。そのようなことで人間関係がズレてしまうのはもったいないこと。自分は今までずっとその方法でやってきたのだから、それが一番正しいと思い込み主観があまりにも強いと、相手との違いを受け入れることが難しくなります。相手との違いを受け入れられないことは、相手もあなたを受け入れられず離れていくということ。結果的に相手との人間関係が崩れ、自分の人生が生きづらいものになってしまいます。その思い込みがどれだけ自分をしばり、適切な人間関係を妨げているか、今一度考えてみましょう。

人はそれぞれ、違った考え方、感じ方をしています。近年、「共感」という言葉をよく見かけます。相手との違いにも共感をもって、相手の身になり思いをはせる共感的意識があれば、思いやりのある関わりができます。とくに大切な人には、共感的態度で関わってほしいと思います。しかし、共感はとても難しいスキルです。私はカウンセラーとして日々共感を持って仕事をしているからこそ、共感の難しさをよく知っています。ですので、私はあえて言います。

相手との違いに共感をする必要はありません。いちいち相手の気持ちになって寄り添う必要はありません。相手との違いを理解できないのなら、理解できないままでいい。相手と意見が違うのならそれに無理に合わせる必要もありません。ただ大切なのは、自分と相手は違うということだけを知っておくこと。相手と考え方が合わなかったり、相手の行動が理解できなくても「私はこういうやり方をするけど、この人はこういうやり方をするんだな。私とは違うんだな」この気持ちだけで充分に共感的な関わりになります。そして「ま、いっか。最終的にそれができればいいんだし。困っていたら声をかけて、相手がどうしたいのか聞いてみよう」と、少し待ってあげることができれば、人間関係のズレはほとんどうまれてきません。

★自分と相手は違う。自分と相手の意見が違ったときは「この人はそういう考えなんだな」と思うだけにする。正・誤の判定はしない。

べき思考をみつける

自分が空回りをしていると感じたとき、自分がこんなにがんばっているのに結果が伴わないと感じたとき、周囲との会話やコミュニケーションにズレを感じたとき、相手が自分の思い通りにならないと感じたとき、周囲へのイライラ、ひどく落ち込むなどの感情が続いたとき、自分の中にあるべき思考が発動していないか、確認をしましょう。

●私たちが感じる感情のしくみ

旅行の期間お天気が良かったので、私はとてもうれしかった。
彼氏がデートに遅刻したので、私は腹が立った。

みなさんもうれしい出来事にはポジティブな気持ちになったり、不本意な出来事にはネガティブな気持ちになることがありますね。

会社員の浜本さんは、上司に呼ばれて書類の書き方を注意されました。浜本さんは「また怒られちゃった。私は何をやってもダメね」と落込み、会社に行くことがつらくなってしまいました。

一方、浜本さんの隣の席の前田さんも上司に呼ばれて書類の書き方を注意されました。しかし前田さんは「えへっ♪怒られちゃった。次は気を付けよっと」と言い、落ち込む様子がありません。浜本さんは前田さんを見て、自分もそんなふうになれたらどれだけ楽に生きられるだろうと思いますが、前田さんのようになるのは無理だろうと感じています。

浜本さんは上司に注意をされ落込みました。浜本さんは上司に注意されたから落ち込むことは当然と思っています。しかし、前田さんは同じ出来事を経験しても落ち込みません。この違いを心理学的にいうと浜本さんは、上司に注意された↓人から注意されたら落込んで当たり前という、浜本さんの直線的な考え方のクセからネガティブな感情が誘発されています。前田さんが落ち込まないのは、上司に注意された↓たいしたことじゃない、という出来事の解釈のためネガティブな感情が誘発されません。

一般的に人は、上司に注意された（なんらかの状況がおこる）↓落ち込む（状況から引き起こされた反応、その出来事がその人をそのような反応に導いた）と、出来事があったからその感情が誘発された、と思っています。

しかし、アメリカの臨床心理学者で論理療法の創始者、アルバート・エリスは、感情とは物事そのものへの反応ではなく、「それをその人がどう受け止めたか」によって引き起こされる、と考えました。

出来事Aと感情Cをつなげる思い込みや考え方のクセBがネガティブであれば、感情もネガティブなものとなって現れます。

思い込みや考え方のクセは、自動的に無意識的に作用します。そのため、いつも同じパターンでネガティブな感情を繰り返します。いつも同じようなことを繰り返している人は、パターン化された思い込みが無意識的に発動している証拠です。繰り返しているパターンに本人はまったく気づいておらず、「やっぱり私はダメね」「ほぅら、いつも最後はこうなって終わる」など、その感情やその結果になることを、待ってましたとばかりに当たり前とし、ネガティブな結果を「これが私」と肯定するかのような無意識が存在します。

物事や人間関係に対しポジティブに適応していくためには、以下の3ステップが必要とされます。

1　自分のなかにどのような思い込み、考え方のクセ、べき思考があるかを知る

2　その思い込みや考え方のクセがどのようにして自分に根付いたのか自分史をさかのぼってみる

3　その思い込みや考え方のクセを持っていることが自分のためになるのかを検討し、不必要な思い込みは修正する

まずは物事が起こったとき、それをどう感じたか（C部分）に意識を向けるよりも、その物事を自分がどのように解釈しているのか（B部分）に意識をむけることが大切です。Bに入っている自分独自の考え方のクセを見つけ、その考え方が自分にとって必要か不必要かを選別することがBを変化させる重要なポイントになります。一般的によくある思い込みの3タイプと、その思い込みを修正する問いかけを見ていきましょう。

一般的

A
物事を引き起こす出来事
●上司に注意された

C
感情
●落ち込む

実際のココロのしくみは……

A
物事を引き起こす出来事
●上司に注意された

B
思い込み、考え方のクセ
●仕事は完璧にやるべきだ

だから

C
感情
●落ち込む
●私は役立たず

Bを変えれば感情が変わる

Bを変えると……

A
物事を引き起こす出来事
●上司に注意された

B
思い込み、考え方のクセ
●今わかってよかった

だから

C
感情
●次は気をつけよう

考え方を変えたことで

感情が変わる

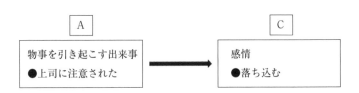

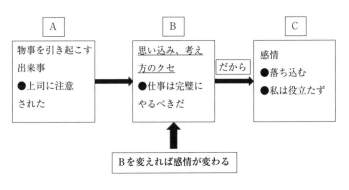

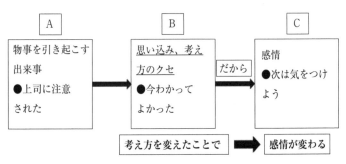

【思い込み　その１】

私は誰からも愛されない

愛されるためには代償が必要だ。自分優先であってはならない——。

この思い込みがある人は、自分はみんなと仲良くしていないと不安になり、自己犠牲的な関係になってもいい人を続けようとします。

幸子さんは会社の人、近所の人、ママ友、義親、みんなと仲良くやりたいと日々努力しています。どれだけ仕事で疲れていても嫌われないように、頼まれたことは何でも笑顔で引き受けます。先日、ママ友からランチに誘われましたが、仕事の都合でどうしても行けず断ったのですが、嫌われたらどうしようととても不安な気持ちになりました。

幸子さんのようなタイプは人に流されやすく、人に嫌われないように自分の意見や希望は言いません。人の意見に従い相手の気に入るような行動をとるため、相手しだいで自分の行動が変わります。

このような行動をとっていると、常に自分より相手を優先するので自分らしさが発揮されず、自分はどうしたいのか、自分の本当の気持ちに気づくことができなくなってしまいます。

その思い込みを疑ってみましょう。

★それって本当？

私は誰からも愛されない。愛されるためには代償が必要だ。自分優先であってはならない――。

それって本当でしょうか。本当にあなたは誰からも愛されないのでしょうか。愛されるためには本当に代償が必要でしょうか。そのような条件付きで愛されることで、あなたは本当に満たされるのでしょうか。

★それは誰が決めたの？

その思い込みは誰が決めましたか。そうです、あなたが自分で決めたことです。誰もその考え方を強要していません。その考え方を決めたのはあなたです。

★その思い込みはあなたの役に立ちますか？

愛されるために自分を譲ることは、本当にあなたの人生に役立っていますか。あなたはいい人ですが、いい人でいることが苦しくなっていませんか。いつも人間関係におびえ自己犠牲的な生き方をしている人に、人間的魅力はありますか。それは本当にあなたの人生を豊かにする人間関係ですか。

★考え方の角度を変えてみよう

もしあなたらしくあることで、相手から好かれないのであれば、あなたらしさを変えようとはせずに、相手から好かれることをやめましょう。

みんなと仲良くやりたい、という気持ちは悪いことではなく、人に好かれるにこしたことはありません。しかし、人はそれぞれ違う人間ですので、誰にでも好かれるとはかぎりませんし、人それぞれ違うので、好かれなければならない必要もありません。全員から愛されなくても、あなたがあなたらしくいられる相手、信頼できる人とだけ仲良くできればそれで大丈夫です。

対人関係においては「私はここまではできるけど、これ以上はできない」と自分と相手に境界を持ちましょう。自分の居心地の良い範囲で対応するルールを持ち行動をすることに不安を感じるかもしれませんが、あなたが思っているよりも、あなたはあなたを優先しても、相手はあなたを嫌いになりません。むしろ、あなたを優先したことであなたから距離をおくような相手は、あなたにとって必要な人ではありません。

【思い込み　その2】

私は完璧であるべき。私は間違えたり失敗してはならない。失敗は負け。私は常に勝たなければならない――。

この思い込みがある人は、失敗や間違いをとても恐れています。自分に厳しく失敗に打たれ弱く、相手の失敗にも厳しい反応をします。

綾子さんはキャリアウーマンです。仕事は完璧にこなし、上司からは信頼されています。しかし部下のミスは許せず厳しい姿勢で向き合います。先日、綾子さんは小さなミスをしてしまいました。自分に厳しい綾子さんは自分をひどく責め、ほんの小さなミスで心が折れてしまい仕事への自信を失ってしまいました。

綾子さんのようなタイプは、ささいなことで自分や相手を責めやすい傾向があります。このタイプの人は致命的な失敗はありません。いつも物事はきちんとしているべき、人はいつも最大限に能力を発揮するべき、よい成績をあげなければ認められない、と思い込んでいます。

　このような意識で行動をしていると失敗した自分や相手を厳しく責め、自分も相手も追い詰めてしまいます。しかし自分が他者から責められるのはイヤなので、ますます完全主義になり自分を追い詰めるサイクルに拍車がかかります。他者に認められることに重点をおき、他者に認められることに細心の注意を払います。自分のアイデアよりも認められることが大事なので、自分らしく働くことができません。そのためちょっとした見逃しや不注意が大きな失敗と感じ、一人で悩みを抱えることになります。その思い込みを疑ってみましょう。

★それって本当？

　私は完璧であるべき。私は間違えたり失敗してはならない。失敗は負け。私は常に勝たなければならない――。

　それって本当でしょうか。本当にあなたは完璧であるべきでしょうか。あなたはけして間違えたり失敗をしてはならないのでしょうか。人間は本当にそのように完璧に生きていけるものでしょうか。

★それは誰がきめたの？

　その思い込みは誰が決めましたか。そうです、あなたが自分で決めたことです。誰もその考え方を強要していません。その考え方を決めたのはあなたです。

★その思い込みはあなたの役に立ちますか？

完璧でいることは、本当にあなたの人生に役立っていますか。あなたは仕事もできる優秀な人材ですが、そのイメージを維持することに苦しくなっていませんか。小さな失敗におびえ虚勢をはる生き方をしている人に、人間的魅力はありますか。それは本当にあなたの人生を豊かにする生き方ですか。

★考え方の角度を変えてみよう

失敗をしないで評価されることは望ましいことです。しかし私たちは人間です。失敗しないなどありえません。そして、失敗しない人生には成功もありません。失敗は失敗ではなく、ひとつの結果です。間違ったやり方をひとつ発見できただけのこと。失敗を失敗と認識すればそれは失敗です。しかし、失敗を「成功のタネ」と認識すれば、それは失敗ではなく「成功の一歩」です。完璧さだけで人間は評価されるわけではありません。仕事のやりやすさはその人の柔らかさと比例し、柔軟性をもつ人が必要とされるシーンも多くあります。がんばることは良いことですが、自分のできる範囲でがんばりましょう。時には失敗しても大丈夫！自分の弱さを認めることができたら、相手の弱さも認めることができます。そして人は柔らかくなります。

【思い込み　その3】

物事はコントロールしてうまくやるべき。私が一番正しい。弱い人間では生きていけない――。

この思い込みがある人は、自分の思い通りに物事を動かし、それが一番良い結果になると思い込んでいます。物事や他者をコントロールすることに執着します。

由美さんは付き合って2年になる彼氏がいます。彼氏とはそろそろ結婚をという話しになっていますが、彼氏が多忙のためなかなか行動しません。結婚をするなら住む場所をどうするか、出席者の選定などやることがいっぱいです。どんどん段取りよく話しを進めていかなければ、良い結婚式ができません。自分の思い通りに彼氏が動かず怒りを感じた由美さんは「あなたのそういうところがダメなのよ！」と彼氏の人格否定をしてしまいました。

由美さんのようなタイプは、自分の考えや思いと違ったことがおきることをとてもイヤがります。自分の思い通りにならないと相手を責め、自分の思い通りになるように、相手を変えようと仕向けます。物事が思い通りにならないと大げさに「もうどうでもいい！」「ぜんぶなかったことにするわ！」など破滅的な行動をとることがあります。このような考え方で行動を続けていると、ささいなことでも自分の思い通りにならないことがあればすぐに苛立ち相手を責めてしまいます。相手をコントロールできないと自分に欠陥があると思い込み過剰に失望、落胆し、最終的に物事を放棄する結果に陥る傾向があります。その思い込みを疑ってみましょう。

★それって本当？

物事はコントロールしてうまくやるべき。私が一番正しい。弱い人間では生きていけない――。

それって本当でしょうか。あなたの考えが一番正しいのでしょうか。本当にあなたの思う通りにやればすべてうまくいくのでしょうか。本当にその方法だけがうまくいく方法でしょうか。

★それは誰がきめたの？

その思い込みは誰が決めましたか。そうです、あなたが自分で決めたことです。誰もその考え方を強要していません。その考え方を決めたのはあなたです。

★その思い込みはあなたの役に立ちますか？

相手を自分の思い通りにすることが、本当にあなたの人生に役立っていますか。あなたの段取りは計画的ですが、それを確実に相手が実行するように必死で仕向けていませんか。見えない将来に常に不安を感じる生き方に人間的魅力はありますか。それは本当にあなたの将来を確約する生き方ですか。

★考え方の角度を変えてみよう

物事を計画的にすすめることはとても効率的です。あなたが自分と相手のために最善の方法を考えているのはよくわかります。しかし、自分と相手は違います。世の中の人間は考え方もやり方もみんな違うため、自分の思い通りにいくことの方が少ないのです。人の考えや行動のペースは人それぞれです。あなたがあなたの計画を大切にするように、相手の計画やペースも尊重してください。あなたと相手は対等です。上でも下でもありません。あなたが自分の意見を押すほどに、相手はあなたへの信頼を失くしていきます。あなたの計画と相手の計画を実行してもうまくいかなかったときは別の方法を試せばいい、それだけのことです。

★あなたがその物事をどう受け取ったかによって、引き出される感情が決まる。引き出される感情を変えたいときは、物事の受け取り方を変える。

③コミュニケーションを見直す

空気が読めなくてラッキー

私は空気が読めません。空気が読めないことで思春期の女子関係はとても苦労をしました。今は自分の特性がわかっているので社会的にも職業的にも適応できていますが、プライベートでアスペルガーの私が丸出しになったときは、相変わらず空気が読めません。相手が話している内容とはまったく違う話題を突然に話しだしてしまい、相手を困惑させてしまうことがあります。私のなかでは相手の話題と関連があると思い話し出すのですが、相手が言うにはやはりズレているそうです。

空気が読めなくて失敗したこともあります。小学校のPTA役員を決めるときの出来事です。役員決めは、仲良しのお母さん同士が「今年は一緒に総務委員をやろうね」と事前に打ち合わせをして当日に立候補をすることがあります。そして周りのお母さんたちは、なんとなくその仲良しの2人が立候補する空気を察し、自分は総務委員の立候補はやめよう、立候補するなら他の役員にしよう、と判断をします。もちろん私も様子を見ていれば立候補した２人が仲良しさんなのはわかります。しかし私は、「立候補は誰にでもできるはず。私は総務委員に興味があるし、私も立候補しよう」という考えになります。仲良し２人は他からの立候補はなく当たり前のように役員になると思っていたところ、私が空気を読まず立候補をしたので「なんであなたが立候補するの！？」と人前で思い切り怒られたことがあります。私は間違った行動をしたとは今でも思っていません。役員は誰でも立候補できる権利があるからです。しかし人間関係をうまくやるには額面通りに権利などを考えるのではなく、まず空気を読んで判断するということが大事なんだな、とよい勉強になりました。

空気が読めなくてよかったこともたくさんあります。②の考え方のクセに気づくでもお話しした通り、私は「これをやったらマズイ」「これをやったら引かれる」「これをやったらヘンに思われる」という普通や常識というボーダーが低いため、自分がやってみようと思ったことをすぐに行動に移すことができます。第二章でお伝えしたように、私は知らない企業や機関に企画書を持ちこみ冷たい対応をされました。しかし私は空気を読まずそのまま行動を続けます。行動を続ければその結果が恥ずかしいことになるかもしれない、怒られるかもしれない、などの発想はありますが、べつに命を取って食われるわけではないので平気です。受付の人に迷惑かな、とも思いますが、受付は私みたいな人が来るのを受付けることも仕事のひとつかな、と自分勝手に考えるので躊躇しません。

私が企業や機関に行くと受付の人は「そのような企画を担当する者がいないのでご対応をしかねます」とやんわり断るのですが、私はやんわり、ふんわりの背景にある意図を読めないので、「それでは誰にお会いすればお話しを聞いていただけるのですか」と、わからないことはわかるまで聞きました。今、本を読んでいる方は、空気の読めないヤツがきて受付の人もずいぶん困ったでしょうね、と思われるかもしれません。たしかに私は受付の人を困らせました。しかし、受付の人ははじめは私のしつこさに困惑しますが、そのうちとても真剣にわかりやすく答えてくださる方がほとんどでした。このような企画はここではなく、あそこに持っていった方がいいと教えてくれる方もいました。やはり受付の人は、ちゃんとプロ意識をもって受付の仕事をしています。

私はやりたいと思ったことはやってみたい、わからないことはわかるまで知りたい。怒られたらごめんなさいと素直に言えばいいし、親切にしてくれたらありがとうございますと感謝を言います。私はほとんど小学生みたいな行動をしてここまでやってきました。大人としてけして胸の張れる行動ではないと知っています。しかしアスペルガーの「空気が読めない」は私の確かな原動力です。

空気が読めずに人を困らせてしまう私が言うのもなんですが、多くの人は空気を読みすぎだと感じます。来談される女性の多くは、人の顔色を伺い、相手はこうしてほしいのだろうと察し行動をしますが、理想的な結果にならず悩みを抱えてしまいます。相手を思う気持ちは良いことですが、自分が苦しくなる結果を繰り返しているのなら、その人間関係のパターンを変える必要があります。空気を読みすぎ、相手の顔色を伺い、相手優先ではいつまでも人間関係が整理できず、安心してひとりになることはできません。

★空気を読みすぎていると、いつまでも人間関係が整理できずシンプルに生きることはできない。

人の顔色を伺うことは期待に応えることではない

子ども時代にはまだ私がアスペルガーであると診断されておらず、親は私を「普通の子どもだから、普通のことはできるだろう」と育てていました。私の育った家庭では「空気を読め」「察しろ」「それが人にとって必要なこと」という、親の思い込みでつくられた暗黙ルールがありました。空気が読めない私は親から「気が利かない」「要領が悪い」「余計なことばかり言う」と叱られてばかりいました。子どもの私なりに親の顔色を見て親に気を使っていたつもりでしたが、親が満足する基準には達していなかったようです。私は「いい子」ではなかったので親から叱られてばかりいました。しかし大人になった今の私は、親の顔色を見なくてよかったと、思っています。

「相手の顔色を伺い、相手が自分に何を求めているのか、相手が自分に何を期待しているのかを察して行動する」

このような行動パターンを繰り返し、周囲の人間関係に振り回されている人がいます。この

「察する」という行為は、幼少期の家庭で身につくことがほとんどです。面談でも

「人の顔色が気になる」「相手からどう思われているか気になる」という悩みを抱える人は、おおよそ子ども時代に親の顔色を伺う環境に育った傾向があります。

美香さんはテニスサークルに所属しています。美香さんはサークル全体の空気を読み、自分が何をしたらサークルの役に立つのかを考えて行動をしています。先週は誰よりも早くコートに行き、よかれと思いコートのセットをしました。しかしやり方が違ったのか、リーダーがコートをセットし直していました。失敗したと思った美香さんは、リーダーの「やってほしかったこと」を察することができなかった自分を責めました。美香さんは「私は空気が読めないし、気が利かない。他の人はちゃんと空気を読んで役に立つことをやっている。私はもうサークルには必要とされないのではないか」と思い悩み、私のもとに来談しました。美香さんはサークルの話をするなかで、美香さんと実母の親子関係について自然と語りだしました。美香さんは実家で両親や弟妹と一緒に住んでいます。子どものときは仕事で忙しい両親に代わって弟妹のお世話をしてきました。母親は仕事、家事、介護にとても忙しく、

いつも不機嫌でした。小さな美香さんは母親に話しかけることができません。母が何をしたら喜ぶのかわかりませんが、少しでも母親が楽になるようにと、母の顔色を見て、母を助けられそうなことを察し、家事の手伝いや弟妹の世話をしました。母親は、空気を察してお手伝いをする美香さんをほめました。

しかし、空気を察した美香さんのお手伝いが母親の期待にそぐわない場合は「美香は本当に役に立たない！」と母親からきつく叱られました。美香さんは叱られれば叱られるほど、もっと母親の顔色を見てご機嫌をとるようになりました。そして大人になった今でも、美香さんは母親の顔色を伺い、母親がどうしてほしいのかを察し、また、そのパターンが職場やサークルの人間関係にまで波及し、美香さんはいつも誰かの顔色を伺って生きづらさを感じています。

美香さんのように「相手のしてほしいこと」を察したつもりでも、相手が本当にしてほしかったこと、と、自分が察したことのズレがうまれることはよくあります。美香さんのように相手の期待を察することができなかったとき、自分はダメな人間だと自分を責める人がいます。しかし本当に相手の期待を察することができないことは、人としてダメなことでしょうか。

私は空気が読めませんが、逆に、空気を完璧に読める人もいません。そもそも人は空気など読めるわけがありません。空気や人の心は目に見えないものだからです。私たちは超能力者ではありません。相手が何を求めているかなど、言葉で聞かなければわかりません。また、自分が相手にどうしてほしいのかも言わなければ、相手には伝わりません。

察するとは仮説、想像であり、真実ではありません。人の脳はいい加減なもので、「そうかもしれない」という想像が、「そうだ」と真実のように思い込みやすい働きを持っています。あなたが相手を察して「相手はこうしてほしいかも」と思った時点で「きっとそうだ」に脳はスイッチすることがあります。その「相手はこうしてほしいだろう」は仮設で想像なのに、すでにあなたの頭の中ではそれが真実で正しいことだと思い込んで行動をしてしまうため、結果が想像に伴わなかった場合、あなたはとても落胆するのです。

本当に相手の期待に応えたいなら、方法はただひとつ。相手の期待を自分で勝手に想像せず、相手にどうしてほしいのか言葉で聞くことです。そして相手の期待を言葉で聞いたときに、自分がその期待に応えたいのか、応えたくないのか、または、その期待を引き受けなければならないのかを検討してください。お互いの「してほしいこと」をしっかりと言葉にして関わってみると、互いの期待に過剰に応える必要はなく、このままでいいことに気づくことがよくあります。

★相手が何を求めているかなど、言葉で言わなければわからないし、言葉で聞かなければわからない

思い込みで自分を追い詰めない

人の脳は、あなたが相手を察して「相手はこうしてほしいかも」「相手はこう思っているかも」と思った時点で「きっとそうだ」と認識されやすい働きをもっているとお話ししました。自分の勝手な想像をまるでそれが真実で正しいことのように思い込み行動をしてしまいますが、その行動は相手の「してほしいこと」でなかった場合、自分と相手の間にズレが生じてしまいます。

相手の言いたいことを自分は理解したと思い込み、自分で自分を追い詰める3パターンを見てみましょう。

1　ほめられただけなのに勝手にプレッシャーを感じる

川田さんは仕事をテキパキとこなします。マネージャーから「川田さんはすごく仕事が早いのですね」とほめられました。川田さんは「そんなことないです」と謙遜をしましたが、内面ではほめられたことにプレッシャーを感じています。「失敗したらダメなんだ」「もっとしっかりやってマネージャーの期待に応えなきゃ」「もっとちゃんとやらなきゃ」と自分で自分を追い込んでいきます。仕事をしていると、マネージャーに見られているかもしれない、仕事の結果で自分を評価をされてしまうかもしれないなどと、思い込みは膨らんでいきます。とうとう川田さんは人目が気になり職場にいることがつらくなってしまい、職場を退職してしまいました。

「ほめられることが嫌い」「できたらほめないでほしい」という人がいます。川田さんのように、ほめられることで自分を追い込んでしまう思考パターンを持っているからです。

川田さんはマネージャーにほめられて「もっとがんばらないと」と自分を追い込みました。しかし、マネージャーは単純に川田さんのことをほめただけです。一言も、「川田さん、しっ

川田さんって
すごく仕事が
早いですね～
そんなこと
ないですよ～
私はもっと
しっかり
しなきゃ…

かりやって」とは言っていません。川田さんが勝手に「私のイメージを崩してはいけない」と思い込んだり、「マネージャーはこう言いたいのかしら」と察したつもりになり、自分が勝手につくりだした期待に応えようとがんばりすぎてしまいました。

2　誰かの批判は私への批判だと思い込む

山崎さんと佐藤さんはＰＴＡ役員です。バザーの準備をしています。佐藤さんは同じ役員の山田さんについて言いました。「山田さんてバザーの段取りが悪いのよ」。山崎さんは「そうだね」と当たり障りない返事をしましたが、内面では焦りを感じています。「それって私はテキパキと動けってことかしら」「だからあなたはちゃんと動けってことね」と勝手に思い込み、自分で自分の仕事を増やしていきます。山崎さんは佐藤さんに言われた（と思い込んでいる）とおり、自分から率先して作業を引き受けます。テント設営、体育館の飾りつけ、手を休めることもなく作業を続けますが、佐藤さんは一言も「よくやってくれるね」とは言ってくれません。佐藤さんは山崎さんのがんばりに気づいていないようです。山崎さんは、「佐藤さんが気づかないのは自分のがんばりがまだ足りないからだわ」「私って嫌われているのかしら」と思い、もっと作業に努力をします。しかしいくらがんばっても佐藤さんは山崎さんを評価しません。しだいに山崎さんは佐藤さんに対し苛立ちを感じます。「私がこんなにがんばっているのに佐藤さんは私に一言もない！」「佐藤さんって自分勝手な人！」そしてバザーが終わる頃には、山崎さんは佐藤さんのことが嫌いになっていました。

人間関係で最もトラブルをうみやすい思い込みはこのパターンです。私の面談でも「よかれと思ってやってあげたのに相手から一言もお礼がない」「せっかく私が努力したのに相手は知らん顔をしている」「相手が思ったような反応をしない。私はきっと嫌われている」などと、相手に対し怒りや不満を感じているクライアントさんがいます。しかし冷静によく考えてほしいのですが、佐藤さんは単純に山田さんのことを軽く批判しただけです。一言も「だから山崎さんはしっかりやってね」とは言っていません。山崎さんが勝手に「きっと佐藤さんは私にこう言いたいんだわ」「それをしたら私を評価してくれるんだわ」と察したつもりになり、それを勝手に実行しただけです。そんな山崎さんを佐藤さんは遠くから見て「山崎さん、はりきっ

私はテキパキと
動けってことね…
そうだね〜
ねぇ、山崎さん
山田さんて
マイペース
だよね。
バザーの段取りが
悪すぎなのよ
山崎さん
佐藤さん

てるなぁ〜」「山崎さんは、なんであんなにがんばっているのかしら」と不思議に思っていたかもしれません。自分の勝手な思い込みで行動した結果、相手のことを嫌いになってしまう人間関係のパターンは、とてももったいないことです。

3 相手の態度で察した気になる

和子さんの夫は無口です。和子さんは夫の態度をみて、夫が何を言いたいのかを察します。今日は夫が仕事から帰宅するないなや、大きなため息をつきました。夫のため息を見た和子さんは「私に何か言いたいことがあるのね。玄関掃除をやっていないから機嫌が悪くなったのかしら。明日からは玄関掃除もちゃんとやらなきゃ」と思い込み、より一層家事の負担が増えました。しかし家事をどれだけがんばっても、夫は一言も和子さんをほめません。次第に和子さんは、「こんなに夫や家族のためにがんばっているのに、何も認めてくれない。もう一緒に暮らせない」と、夫との別居まで考えるようになってしまいました。

人は言葉のやり取りだけでなく、相手の態度からも相手の期待を察しようとします。ため息、目線、物を置くときやドアを閉める音などに敏感に反応をする人がいます。ため息や大きな音を立てられると、何か言いたいことがあるのかしら、と思う気持ちはよくわかりますが、相手は何も言っていません。そして和子さんの夫のように、単純に仕事で疲れていてため息をついたり元気がないことはよくあることです。長年一緒に暮らしていれば、ため息ひとつで相手の言いたいことがわかることもあるでしょう。しかしそれは「かもしれない」であって「そうだ」ではありません。長年一緒にいたとしても、言葉にして相手に聞いてみなければ相手の期待はわかりません。

★察することはコミュニケーションではなく、自分を追い詰める原因になる。

私に文句を言いたいの
かしら。
もっと家事や介護を
頑張らなきゃ…
はぁ〜
仕事疲れた
和子さん

相手に伝わっているはずという思い込み

私が女子トークを苦手とする理由のひとつに、「結論を先に言わない女性がけっこういる」ことがあげられます。女子トークを観察すると、出来事の結論を先に言わず出来事のプロセスを話すことで、それってわかる〜的な「察するつながり」「察してほしい」が女性同士にはあるのだと感じます。私はプロセスのなかで察することが苦手なので、物事の結論を先に言ってもらわないと相手の話しが伝わってきません。しかし、私が感じている察するつながりのもどかしさは、私以外の人も感じているのではと思います。

相手の顔色を見て察するというコミュニケーションパターンがあると同時に、「相手に察してほしい」というコミュニケーションパターンも存在します。

自分の言いたいことは相手に伝わっているはずだと思い込み、自分と相手の間にズレが生じる2パターンを見てみましょう。

1 態度で自分の気持ちを伝えているつもり

洋子さんは育児で疲れており、今日は夫に家事を手伝ってほしい気持ちがあります。洋子さんは大きなため息をついて、家事を手伝ってほしい気持ちを夫が察するように仕向けます。しかし夫は、洋子さんの大きなため息をきいて「今日は機嫌が悪いんだな」「ひとりになりたいんだな」と思い、ササッと食事をすませ早々に寝室に入ってしまいました。夫が洋子さんの気持ちを察することができず、洋子さんは苛立ちを感じました。

「家事を手伝ってほしい」
に気づけ！
なんだか
不機嫌だな…
はぁ～
（ため息）

2　遠まわしに自分の気持ちを伝えているつもり

富江さんは仕事で疲れており、夫に家事を手伝ってほしい気持ちがあります。「今日はお休みのパートさんがいたから、私が全部ひとりで仕事をしたの。すごく大変だった」富江さんは仕事でとても疲れていることをアピールし、家事を手伝ってほしい気持ちを夫が察するように仕向けます。しかし夫からは一言。「それは大変だったね。今日は早く寝ればいいよ」富江さんは心のなかで「なんて空気を読めない夫なんだろう！」と夫に不満を感じました。

洋子さんと富江さんのコミュニケーションパターン「察してほしい」「察するのは常識でしょう」は、一般的にもよくあることです。私は、夫とのズレを感じて悩む女性に「夫さんには自分の気持ちを言っていますか」と尋ねると、ほとんどの女性が「はい、私の気持ちは伝えています」と言います。それではどのように夫に関わって気持ちを伝えているのか細かく聞いていくと、洋子さんと富江さんのようなコミュニケーションパターンをとっていることがわかります。このようなパターンはコミュニケーションをとっている気になっているだけであり、もはやコミュニケーションではありません。なぜならば、一言も自分の「してほしいこと」を言葉にして伝えていないからです。もっとも伝えなくてはならない「家事を手伝って」を言わずに、態度を変えたり、遠まわしなことを言っているだけ。結論を言わないのですから、夫が気づかないのは当然です。

★相手に対し「察しろ」「空気を読め」「気づけ」は通用しない。

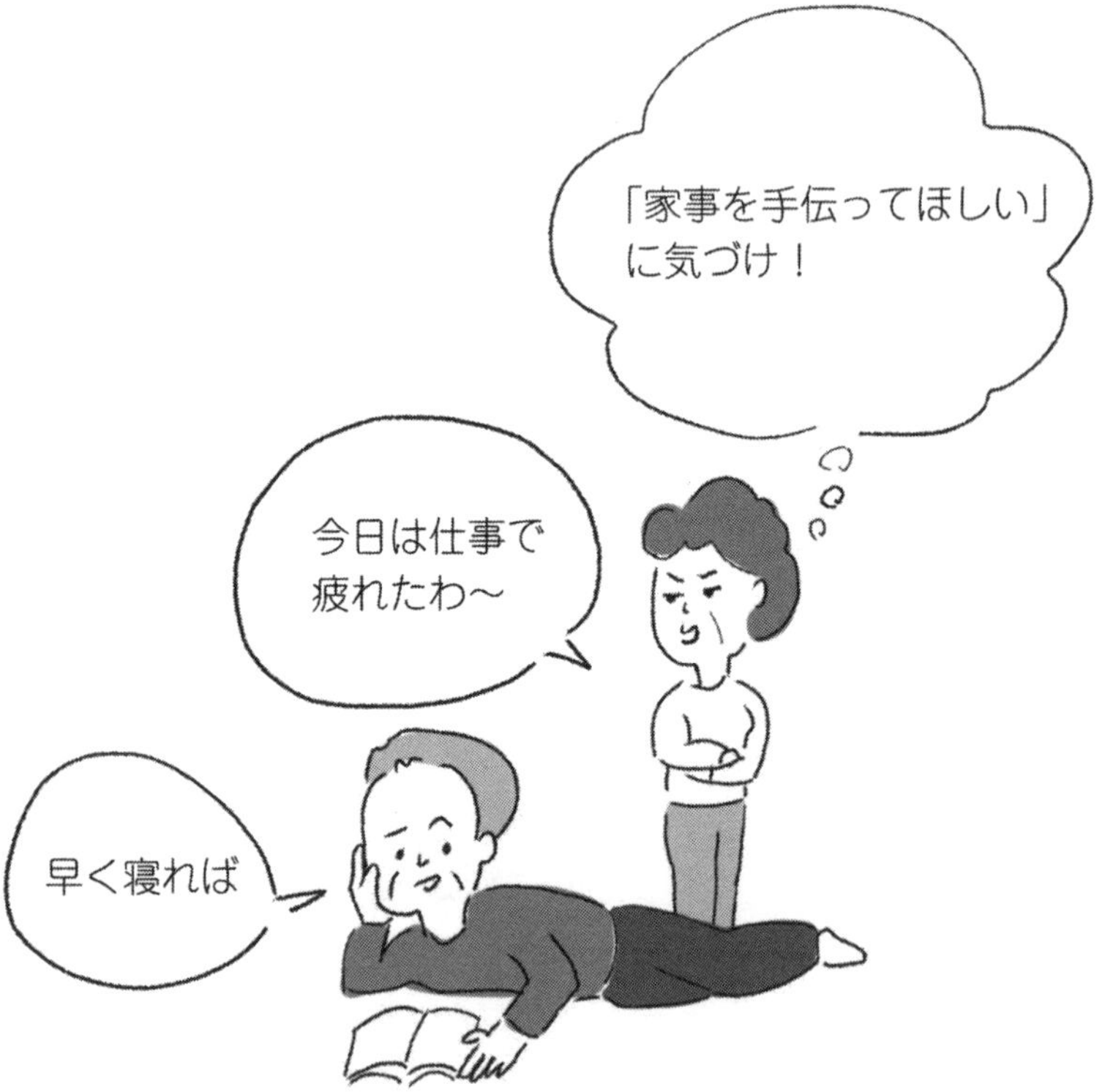
「家事を手伝ってほしい」

に気づけ！

今日は仕事で
疲れたわ〜

早く寝れば

言葉にして確認をする

日本では「自分の意見はいわない」「ガマンが美徳」「言わぬが花」という文化的教育が今でも存在します。そのような教育的背景があるため、日本では言葉によるコミュニケーションの価値が低く、言葉を使ったコミュニケーションが他国より遅れています。しかし、言葉によるコミュニケーションは重要です。近い将来国際的な時代がやってきますが、今の日本の子どもが大人になり社会で国際的に活躍するとき、外国人のコミュニケーションについていけないことが想像できます。言葉を使い正確に自分の要求を伝え、そして言葉で相手の要求を確認していかなければ誤解の連鎖がおこり、言葉や気持ちの真意が伝わらなくなってしまいます。私たち大人がしっかりと自分の意思を相手に伝える姿勢をもつことは、自分のためでもあり、また、子どもたちにも見せるべき姿勢です。

コミュニケーションで大切なのは、「言葉にして伝えること」です。わからないことは勝手に思い込まず相手に聞きましょう。話してもしょうがないとはじめから思わずに、少しでも自分の気持ちを言葉にしてみましょう。

言葉に出して、

●自分が今どんな感情か
●私はあなたになにをしてほしいのか
●相手の言葉を私はどのように理解したのか

具体的な言葉で伝えることでコミュニケーションのズレを予防することができます。

言葉で伝えることが難しいときは、手紙で伝えるのも効果があります。

言葉で伝えることに慣れてない日本人は、言葉で伝えることはケンカになってしまう、というイメージを持っている人も少なくありません。

それではケンカにならず、お互いの「してほしいこと」をお互いに言葉で確認し合うやり方を見ていきましょう。

してほしいことを具体的に伝える

由紀さんは健司さんに「育児に協力してほしい」といつも伝えています。健司さんは「わかった」と言いますが、健司さんは由紀さんの思うようには行動しません。もどかしい気持ちで由紀さんは何度も「育児に協力して」と言いますが、健司さんは「自分なりに育児をやっている！」と言います。どうやら由紀さんの「してほしいこと」が健司さんにはうまく伝わっていないようです。

具体的に伝えてみよう

由紀さんは伝え方を変えてみました。「もっと育児に協力して」は大雑把な表現で伝わりにくさがあり、由紀さんの「してほしいこと」が具体的になっていません。そこで「休日は子どもと遊んで」と具体的に伝えてみました。健司さんは今まで育児の協力とは家事を手伝うことだと思っており、食器の片付けや買い物を率先することで育児が少しでも楽になるだろうと考え行動をしていました。由紀さんから具体的にしてほしいことを伝えてもらい、健司さんは由紀さんのしてほしいことを的確に対応することができました。

由紀さんは健司さんに自分のしてほしいことを具体的に伝えることができ、由紀さんも健司さんもお互いに気持ちの良い結果を得ることができました。

しかし場合によっては夫に「休日は子どもと遊んで」と伝えても、夫は妻の納得のいくように行動しないこともあります。そんなときは夫を責めるのではなく、妻側のコミュニケーションを見直す必要があります。

「休日は子どもと遊んで」が伝わらなかったら、

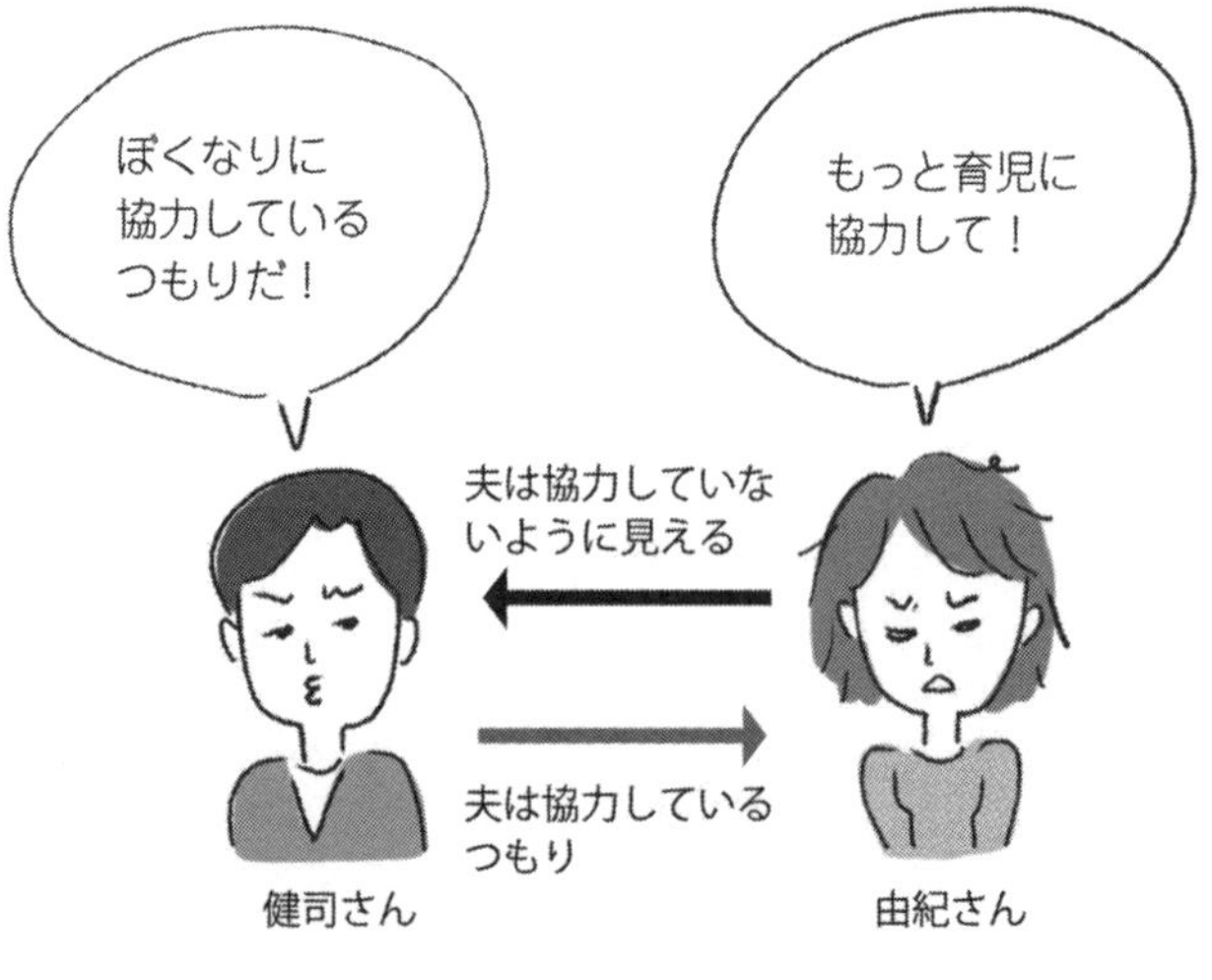

より具体的に、してほしいことを細分化して夫に伝える必要があります。

〈具体例〉

・休日の午前に自宅の庭で子どもと遊んでほしい。

・休日の午後2時間ほど子どもと一緒に外で遊んでほしい。

私はこの言葉で伝えるコミュニケーションを面談の中でお伝えしますが、妻さんのなかには「そもそも言われないとやらない夫は空気が読めない」「ここまで言わないと夫はやれないものでしょうか」と、夫に具体的な要望を伝えることに抵抗感を感じる人もいます。しかし、そ

れこそが「これぐらいわかるのが普通でしょう」「そんなこと常識で考えればわかるでしょう」という、あなたの考え方のクセ、マイルールが発動している証拠です。自分と相手は違います。人の感覚は様々で物事をどのように解釈するかはその人それぞれ違いがあることを、改めて念頭におきましょう。

相手への要望を現実に合わせる

これは相手ができることだろうか?
相手ができる「助け方」をもっと具体的にしてみよう。

〈例〉買い物したときは買い物袋をもってくれると助かる。

自分のしてほしいことを具体的にして相手に伝えるというお話しをしました。しかし具体的にする際、ひとつ気を付けることがあります。それは「相手への要望は相手ができる範囲のことだろうか」という視点です。いくら要望を具体化をしたからといって「自発的に行動して」「もっと察して」「あなたのお小遣いは無しね」など、相手がそれを納得し行動できない要望では、相手とのズレは改善できません。まずは相手ができそうなことから、スモールステップで要望を伝えてください。

相手への要望を現実に合わせる

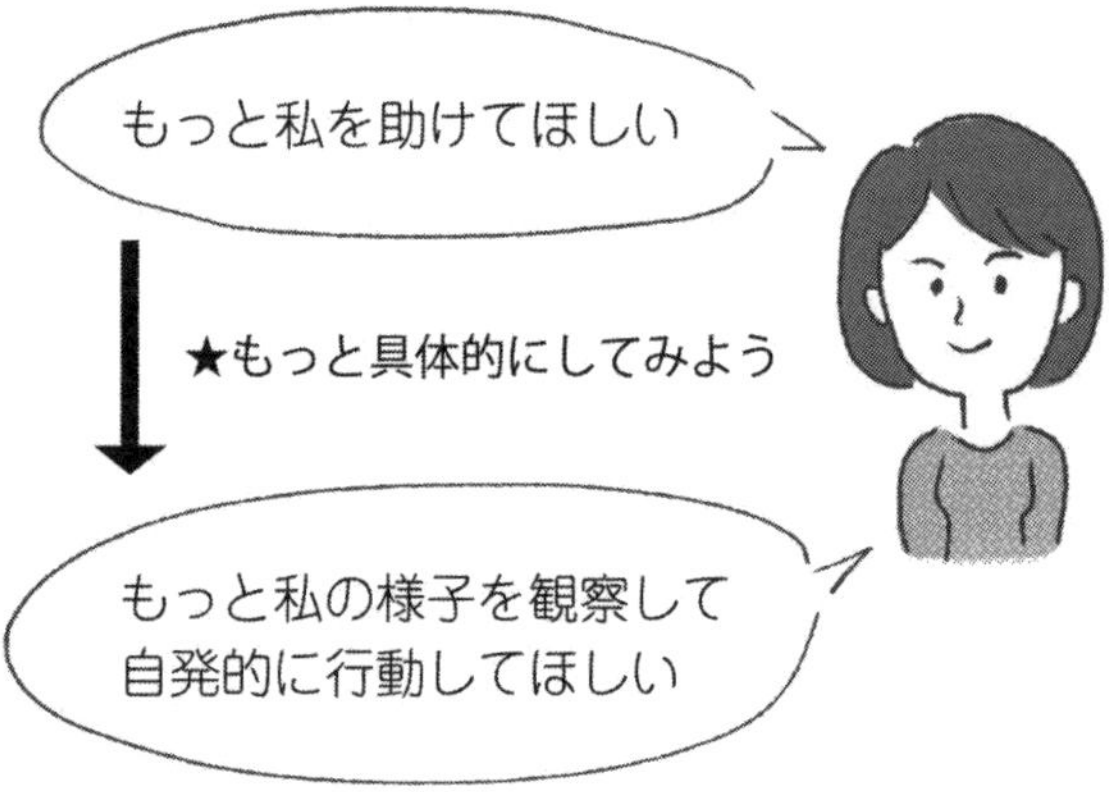

これは相手ができることだろうか？

相手ができる「助け方」をもっと具体的にしてみよう

〈例〉買い物したときは買い物袋を持ってくれると助かる

言葉で確認する

このように自分のしてほしいことを相手に伝えることは人間関係を円滑にするためにはとても大切なことです。自分のしてほしいことを相手に伝えたら、もちろんあなたも相手の要望を聞いてください。お互いがお互いのしてほしいことを言葉で理解し、お互いに自分はどこまでならできると検討し合えば、人間関係のズレはおきません。

空気を読みすぎて相手の顔色を伺い、相手はこうしてほしいだろうと勝手に思い込み努力したその結果、その人間関係に歪みがでてしまうのはとてももったいないことです。

わずらわしい人間関係から離れ信頼できる人を大切にし安心してひとりになるためには、自分を追い詰めることなく他者とは対等に関わることが必要です。

★言わなければ伝わらない。聞かなければわからない。

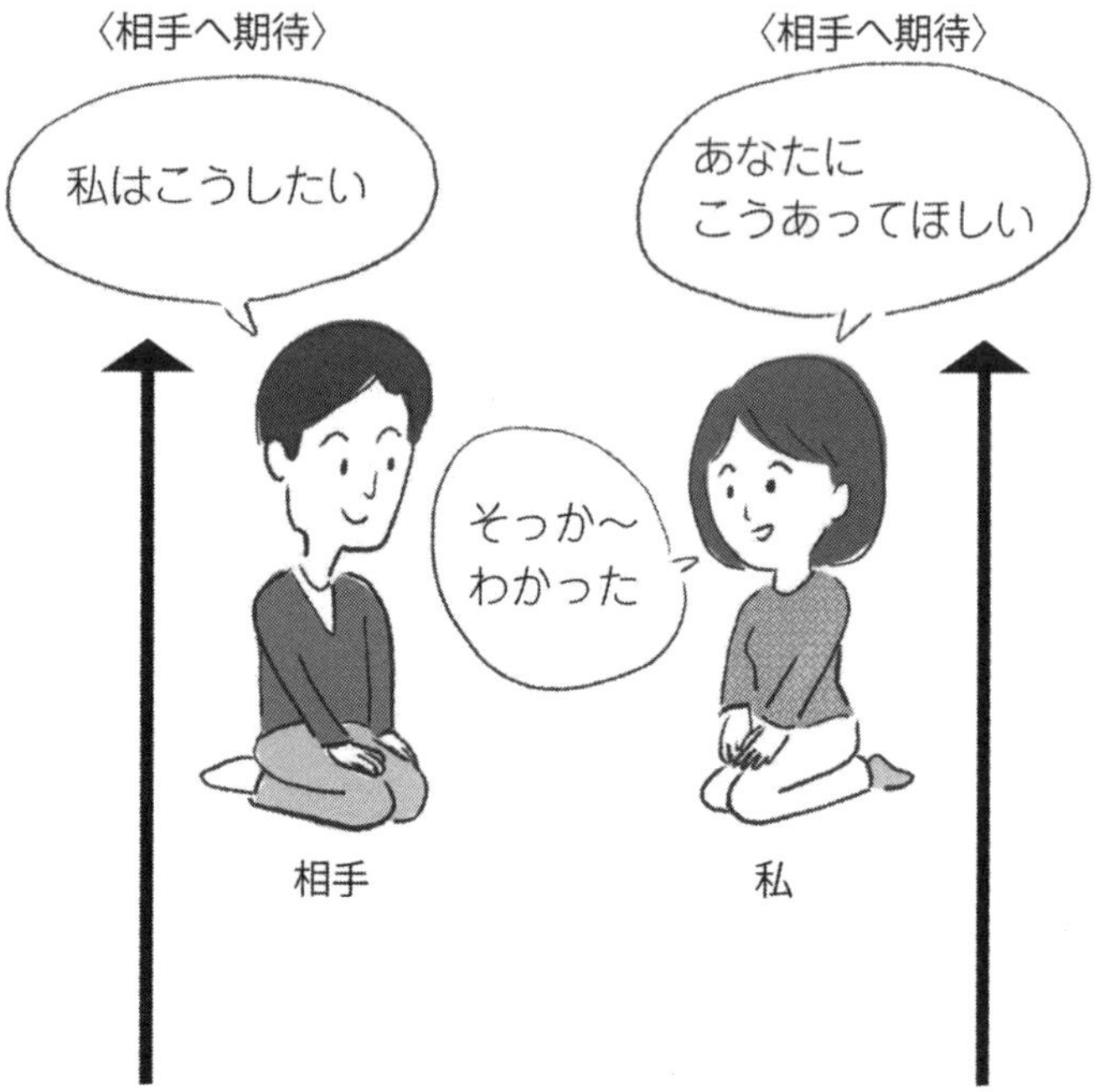

互いの期待を、互いに理解できるように
言葉でのコミュニケーションをとることが大事！
いつも確認できればズレはおこらない。
話してもムダはダメ。
言葉が難しかったら手紙で伝えよう。

④聴く力、認める力を身に着ける

一番役に立った傾聴スキル

私のカウンセリングルームでは大人の発達障害に関する相談も受け付けています。私のカウンセラーの知識と発達障害当事者の経験を活かし、発達障害者・発達障害傾向により生きづらさを感じている方、発達障害者と関わるご家族などに、コミュニケーション指導や考え方のクセの修正などを一緒にやっています。私はお医者さんではないので診断はできないため、診断や検査を希望される方には適切な病院や機関をご案内しています。

子どもの発達障害者の割合数値はいろいろなデータがありますが、一般的にはクラスに１〜２人の割合で存在するとされています。子どもの発達障害も増加にある一方、大人の発達障害者も増加傾向にあります。私のように子どもの頃に診断されず、そのまま大人になり生きづらさを抱えて精神科に行ったところ診断されたというケースが多いようです。大人の発達障害者の割合数値は諸国で数字が大きく違いますが、日本ではおおよそ人口の2％、50人に1人の割合で大人の発達障害が存在するとされています。

近年では発達障害にまつわる研究も進んでおり、子どもの発達障害支援も進みはじめています。子どもの発達障害支援が発展する一方、大人の発達障害支援はまだ進んでいません。


知恵さんは大人の発達障害相談で来談されました。

「小さい頃から人とズレている感覚がありました。大人になってから人間関係で悩むことが多くなり精神科に行ったところ、大人の発達障害と診断されました。診断を受け今までの生きづらさの原因がわかり、とてもホッとしました。しかし、病院からはとくに具体的な指導はありません。診断はされ私の生きづらさの原因はわかったのですが、私が人間関係に悩むことには変わりはありません。人とどのようなコミュニケーションをしたらいいのかわかりません。とても不安な気持ちです。」

発達障害にはＡＤＨＤや自閉症スペクトラム障害などいろいろな障害が含まれますが、各障害に共通しているのはコミュニケーションの障害です。

私もここまでのお話しにあったように、コミュニケーションがとても苦手でした。相手とうまくやりたい気持ちはあります。しかし、そのうまくやる方法がわかりません。会話をして仲良くやろうと思っても、空気を読まない発言や、言いすぎてしまうこともあり、自分が気づかないうちに相手を傷つけてしまうこともありました。私の人間関係は失敗だらけ。そのうち人が怖くなり過剰に関わりを避けてしまったり、相手は私をバカにするだろうという思い込みが先行して攻撃的になることもありました。そして私は主婦ヒキコモリになり、心理学を学びました。私は様々な心理学やコミュニケーションスキルを学習しましたが、コミュニケーションに障害がある私にとって一番役に立ったスキルは傾聴術です。

私はそれまで、他者とコミュニケーションをとるということは、気の利いた会話をする、相手を楽しませることだと思っていました。しかし傾聴術で学んだことは「自分からわざわざ話しをしなくても人とは親しくなれる」という衝撃的な事実でした。

私は言葉がきつく相手を傷つけてしまうことがあるので、とても言葉に気を付けながら対話をしていました。そのため対話をすることに毎回とても疲れを感じており、さらに対話した後「さっき私はへんなこと言ってなかったかな」「私のあの言葉で相手は傷ついていないかな」「どんな会話をしたらいいのかまったくわからない」などと、布団をかぶって鬱々と後悔にさいなまれることは日常でした。

そのようなおり傾聴術を学んだ私は、自分自身のキャラを「聴くキャラ」に設定変更することにしました。聴くキャラに徹することは、私にとっては最適でとても安心できるコミュニケーションスタイルです。自分の話はせず、ひたすら相手の話を聴き、相手の言葉を否定も肯定もしません。基本的には「へぇ、そうなんだ～」という相槌と、相手の話す内容を繰り返して言葉にするだけです。相手の言っていることに違和感を感じても、けして自分の意見は言いません。なぜならば自分と相手は違うからです。自分の考えと相手の考えの違いを感じても「私はこう思うけど、この人はそう思うんだ」「私はこういう考えだけど、この人はそういう考えなのね」と思うだけ。私をわかってほしいという気持ちは一切もたず、ひたすら相手を理解しよう、相手に安心してもらうことを目的としました。自分の話もせず、自分の意見も言わず、相手との意見の違いも言葉にしなくて、相手との関係を深めることができるのか、と思う方もいるかもしれません。

ハッキリ言います。相手との関係を深めたいのならば、まずは自分の意見は言わないことです。相手に聞かれたことだけ答えればいいのです。自分の意見を言ったらトラブルになる確率は上がります。相手の話だけを聴き自分の意見を言わなければ、トラブルにはなりません。そして自分の話をせず相手の話にひたすら耳を傾けているだけで、相手はあなたに対し良いイメージを勝手にもってくれます。「私の話をじっくり聴いてくれる人なのね」「私の話をすべて肯定してくれるのね」「私を理解しようとしてくれているのね」と、相手は勝手にあなたを「いい人」として認識します。

聴くキャラに徹することは、相手に気を使うこともなく、相手とのトラブルもなく、その上、あなたはいい人というイメージを相手に与えることができる、相手は安心してあなたを受け入れてくれる、これほどお得で楽なコミュニケーションはありません。

もちろん私だって、私の話をしたいこともありますし、自分の意見を伝えたいときもあります。私という人間を理解してほしいと相手に思うこともあります。しかし、自分の意見を言うことや、自分を理解してほしいという気持ちを伝える行動は、エネルギーのいることです。①仲良くする人としない人を分けるでお話した通り、人間関係は３つにわけて整理することが大切で、エネルギー配分は自分の大切な人に多く向けるという法則をお伝えしました。

私が自分のエネルギーを多く使ってまでも自分の意見や気持ちを伝えたい相手は、私が本当に大切にしたい人だけです。よって、私にとっての第二枠、第三枠の人間関係においては、そもそも私は、私のことを、私のエネルギーを使ってまでも、相手にわかってほしいとは思いません。しかし、第二枠、第三枠の人ともうまくやっていくことは人とのほどよいつながりを維持し、安心してひとりになるためには必要な人間関係の整備です。人は周囲の人みんなと全力で関わることはできません。しかし人間関係はうまくやったほうがいい。聴くキャラに徹することは、好かれようとがんばらなくてもいい人というイメージを残すことができる、とても合理的なコミュニケーションスタイルになります。

★安心してひとり、ほどよいつながりをつくるためには、人間関係を円滑にしておくことが大前提。

聴くキャラに徹する

私が実践した聴くキャラに徹することに、ずる賢いやり方だ、心理学を使った印象操作だと感じる人がいるようですが、私は悪いことだと思っていません。なぜならば、誰にも迷惑をかけていないし、誰も傷つかないからです。聴くキャラでやってはならないことは、相手の意見を心のなかで「この人の意見ってバカみたい」「私のほうが頭がいいわね」「あとで誰かにこっそり言ってやろう」などと上から目線で相手を批判することです。そのように心の中で感じる人は、その人の物事の受け取り方、考え方のクセに問題がある証拠です。心のなかで相手を批判するような関わりをする人は、どのようなスキルをつかっても人間関係はうまくいきません。

大切なのは、自分を理解してほしい気持ちよりも、相手を理解しようとする気持ちです。相手と自分は違う人間だから、考えや意見が違って当たり前という視点は、その人の人間力を大きく成長させ、同時に相手にも安心感を与えます。

私は自分の実践経験から、対人関係に悩みを抱えるクライアントさんに聴くキャラを含めた傾聴術を教えています。傾聴術では相手の気持ちを引き出す関わりや共感的態度を示す関わりなど、相手との信頼関係を深めるためのより実践的なスキルをお伝えしています。

しかし、傾聴術となると実践が難しいと言うクライアントさんがいます。私も傾聴術を教えながら、「そりゃ難しいだろうなぁ、傾聴術が完璧に身に付けばカウンセラーになれるコミュニケーションレベルだもの」と思います。そのため私は傾聴術という難しいスキルがなくても、ひたすら聴き役になるだけで人間関係は必ずうまくいくと伝えています。大切な人にはエネルギーを使い自分の気持ちを伝え、それ以外の人間関係では聴くキャラに徹する。それだけで人間関係はとても楽にほどよい距離を保つことができます。

聴くキャラになると、なぜ人間関係がうまくいくのでしょうか。

人間の心理には「私を理解してほしい」「私を尊重してほしい」「私に関心をもってほしい」という欲求が存在します。AさんはBさんの話をじっくりと聴いています。BさんはAさんに対し「Aさんは私を理解してくれた」「Aさんは私を尊重してくれた」「Aさんは私に関心を持ってくれた」と感じます。この、理解・尊重・関心の3セットが揃うとBさんの心のなかでは「Aさんっていい人」という好感とともに、「Aさんになら何でも話せそう」と信頼をも寄せる心理が働きます。Aさんは Bさんとの信頼関係を築くことができると、Aさんにとっても Bさんにとってもいいことがあります。

まず互いに敵対心はなく安心してつながりを維持できます。そして話し合う必要があったときには信頼関係のもと、互いの意見を尊重し合い建設的な結論に至ることができます。簡単に言うと信頼関係があれば人間関係のややこしさが減り、自分も相手もガマンせずシンプルに付き合っていけるということです。

★聴くキャラに徹するだけで、相手から信頼を得ることができる。

聴くキャラに徹する具体的な姿勢

1　自分の意見は言わない

自分の意見を相手に言うことはエネルギー量もトラブルリスクも高くなります。そこそこ親しくする程度の人なら、そこまでのリスクを負う必要はありません。

2　否定も肯定もしない

相手が自分の意見と違うことを言ったとき、あなたは「あなたはそう思うんだ〜」と答え相手の意見を否定しないでください。あなたが「あなたの考えは違うと思う」と相手を否定したところで、相手が素直にあなたの意見を採用することはほとんどありません。トラブルになる確率が上がるだけです。

相手が誰かの悪口や自虐的なことを言ったとき、あなたは「あなたはそう感じたんだね〜」と答え、相手の悪口や自虐にのらず肯定はしないでください。あなたが「そうそう、あなたの言う通り」と相手の悪口を肯定すれば、あなたも一緒に悪口を言ったことになります。「あなたはそんなことないよ！」と相手の自虐に強く反応（否定）してしまったら、相手はあなたからの慰め欲しさに、自虐を続けるでしょう。

３　聞かれたことだけ答える

相手に質問をされたときだけ自分の話や意見を伝えましょう。

「あなたはどう思う？」と聞かれることもあると思いますが、その時は自分の意見を伝えましょう。答えにくい場合は「あなたはどう思ったの？」と逆質問をしてください。どう思うか聞かれたのに答えないことは相手に対して失礼かと思うかもしれませんが、大丈夫です。相手はあなたに質問をしたことを脇において、自分の意見を言います。人はたいてい自分のことだけ話していたい、という心理を持っています。どう思うと聞かれた場合は、相手の内側に言いたいことがある証拠ですので、心配せず逆質問をして乗り切ってください。

４　自分をわかってもらおうという気持ちをわきに置く。

相手の意見が自分の意見と違うと思ったときに熱くならないでください。あなたの意見はあなたのものであり、相手の意見は相手のもの。どちらが正しいとか間違っているなどの判断は主観でしかありません。相手と自分は違う人間であることを念頭におきましょう。

自分をわかってもらえないことで、もどかしさを感じることがあるかもしれません。誰にでも自分をわかってほしいという気持ちはあります。自分をわかってほしいのならば、先に相手のことを理解しましょう。あなたが聴くという姿勢で相手への理解を示していけば、相手もあなたに聴く姿勢をとり、あなたへ理解を示していきます。

5　話の内容やキーワードを繰り返す。

相手が話した内容を要約して伝えましょう。

Aさん「最近、残業が多いんだ。犬を飼っているんだけど、お散歩だけは毎日行ってあげたいの。だけど残業をして家に帰るともうヘトヘトで…」

Bさん「犬のお散歩に行きたいけど、残業でヘトヘトになっちゃうんだね」

いくら聴くキャラでも、あいづちだけでは本当に聞くだけになってしまいます。相手の話した内容を要約して伝えることは、「あなたの話をちゃんと聴いていますよ」というメッセージを送ることができ、相手は安心して会話を続けます。

キーワードを繰り返すことも効果的です。

Aさん「久しぶりに定時で仕事が終わったから、同僚と食事に行く約束をしたの。そうしたら上司が『この書類ができたら帰ってね』と急に言ったのよ。上司はいつも自分中心でイライラする。私なりに毎日仕事をがんばっているのに！」

Bさん「上司が自己中でイライラするんだね」「毎日がんばってやっているんだね」

相手の会話のなかにある感情のキーワードを抽出して繰り返しましょう。感情にまつわるキーワードを繰り返すことで、相手の感情に触れることができます。感情に触れてもらえたと感じた相手は、あなたにより理解してもらえたと感じます。

6　ゆっくりうなづく

相手の話を聴きながら、落ち着いてゆっくりとうなづきます。回数は少なくて大丈夫です。

嫌われるあいづちの打ち方に気を付けましょう。

はいっ、はいっ、と早すぎるあいづち、マジですか、ホントですか、なるほどです〜、の使い過ぎは要注意です。

7　唇は閉じ口角だけを上げてほほ笑む。

歯を見せないゆったりとしたほほ笑みは、相手に「あなたの話をしっかり聞いて、納得していますよ」というメッセージを送ります。

★話し上手より聴き上手が信頼される。

思いやりの関わり

聴くキャラをやるだけで、あなたの人間関係はとても楽にほどよい距離を保つことができます。ほどよい距離を保ちながらもっと信頼関係を深めることができれば、あなたの人間関係はより豊かなものになります。

ここから先はステップアップしたスキルをご紹介します。興味のある方は相手の気持ちを引き出し尊重する関わりをやってみましょう。

思いやりのある関わりは３つの要素で構成されています。

①気づき……どうしたの？
②共　感……～～な気持ちなんだね。
③手助け……私は何か助けられる？

まずは思いやりなしパターンを見てみましょう。会社の先輩と後輩の会話です。

思いやりなしパターン

後輩：今日、配送先の手続きを間違えてしまいました。
先輩：あなたは前回も同じ間違えをしたわね。ちゃんと確認はしているの⁉
後輩：……すみません。

後輩が仕事のミスをしてしまいました。同じミスを繰り返したことで先輩は指導をしましたが、後輩は不満気な顔です。

それでは思いやりのあるパターンを見てみましょう。

思いやりのあるパターン

後輩：今日、配送先の手続きを間違えてしまいました。
先輩：そうか〜。ミスが重なっちゃったね。
何か困っていることでもある？（気づき…どうしたの？）
後輩：最近少し寝不足です。会社から指示されている資格試験の勉強が少しつらくて。
先輩：それはつらいよね。（共感…〜な気持ちなんだね）
私に何か手伝えることある？（手助け…私は何か助けられる？）
後輩：資格試験の勉強を教えてもらえると助かります。
先輩：わかった。私のわかるところでよかったら教えるね。

後輩の報告を受けた先輩は後輩を責めることなく、何か困っていることはありますか、と、お互いの気づきを誘発する関わりをしています。先輩の関わりによって後輩は、試験勉強がきつくて寝不足であることを先輩に伝えることができました。先輩に事情を言えたことで後輩は少し気持ちが楽になります。

事情を聴いた先輩は、「それはきついよね」と後輩の気持ちに触れて共感をします。そして後輩に「何か手伝えることはある？」と尋ねました。先輩は勝手に後輩のしてほしいことを察することはせず、言葉にだして要望を確認をしました。後輩は先輩に「勉強を教えてほしい」と、してほしいことを明確に伝えることができました。先輩は自分のできる範囲で後輩の要望を受け入れるでしょう。

思いやりの関わりについて気を付けることがあります。思いやりとは相手に良いアドバイスをすることだと思っている人がいます。相手が困っていたら解決してあげよう、どうにかしてあげよう、一肌脱いであげよう、良い方法を提案しよう、私の経験を話してあげようと、アドバイスをすることに執着をします。

もちろん困っている人を助けたいその気持ちは素晴らしいことです。しかし、一方的なアドバイスが相手の役に立つことはほとんどありません。相手の気持ちや事情、背景をじっくり聴くこともなく勝手にわかった気になってアドバイスすると、相手はあなたからアドバイスを押し付けられた気持ちになり、あなたにもう相談するのはやめようと考えます。

本当に相手の役に立ちたいと思ったなら、ああすればいいこうすればいいとアドバイスはせずに、一言「私はあなたを助けるために何ができる？」と相手に聞いてください。そして相手が望んだ手助けをしましょう。

★アドバイスはしない。相手の役に立ちたいと思ったら、自分に何ができるか相手に聞く。

ありがとう、うれしい、助かる

私は普段、聴くキャラに徹しており自分の意見はあまり言いませんが、自分の気持ちは伝えています。相手との関わりや会話のなかで、会話の終わりには必ず「ありがとう」「うれしい」「助かる」をプラスします。この3つの言葉は本当に魔法のように、どんな会話でも出来事でも、気持ちよく終わることができます。私の基本的なコミュニケーションは聴くキャラの姿勢で、私が言葉を言うときは、聞かれたことに答えるとき、あとは、ありがとう、うれしい、助かる、を言うだけ。ほとんどこれだけでコミュニケーションが成立します。

ありがとう、うれしい、助かる、これらの言葉を日常で使うことは良い効果があることは多くの人がすでに知っています。それではなぜ、これらの言葉にポジティブな効果があるのでしょうか。

アドラー心理学のアドラーは、「幸福とは人から必要とされること」だと伝えています。人は誰かの役に立ち、誰かに必要とされることで勇気や幸福を感じる心の働きがあります。他者から「ありがとう」と言ってもらえるような貢献的行動（人に良くする行動、ありがとうを作り出す行動）を自分がすることは、他者や社会の貢献・幸福にもつながるとともに、ありがとうという言葉で自分自身の存在価値を感じ幸福を感じることができます。

あなたが相手に、ありがとう、うれしい、助かる、を伝えると、相手は「役に立った」「必要とされている」と感じ、自分の存在価値を高め幸福を感じることができます。よって、それらの言葉は、人を幸せにする言葉なのです。幸せな気分にさせてくれる言葉を伝えてくれる相手を嫌いになるわけがありません。

一方、アドラーは、人の最大の不幸は誰にも必要とされず、自分などいなくても誰も困らないといった「孤独感」であると言いました。

私は「ひとり」と「孤独」は違うとお伝えしています。アドラーの言葉を借りれば、ひとり、というのは、社会とのつながりをもち、大切な人と信頼関係でつながり、誰かや何かの役に立ったり必要とされることで安心してひとりになれる、私は私のままでいいんだと自由な心で生きていけるということです。孤独は、自分などいてもいなくても誰も困らないといったような拒絶の状態です。孤独はとてもつらく不自由です。

ありがとう、うれしい、助かる、を伝えるとき、より相手の幸福度を増す伝え方があります。それは、「何がありがとうなのか」「何がうれしいのか」「何が助かったのか」の「何が」を具体的に伝えることです。

「あなたからお野菜をもらってとてもおいしいスープができたの。ありがとう」

「あなたから誕生日カードが届いたこともうれしいけど、私の誕生日を覚えていてくれたことが何よりうれしかった」

「仕事が手一杯で本当に困っていたの。あなたが手伝ってくれて本当に助かった」

具体的に伝えることで、相手はあなたの気持ちを受け取るとともに、幸福感も受け取ることでしょう。

相手との信頼度を高めるために「ほめる」という方法も有効ですが、ほめるときも「それいいね」と端的にほめるのではなく、より具体的にほめることが大切です。しかし、ほめるという関わりで相手との信頼度を深めることは、言葉が控えめな日本のコミュニケーション文化には合わないかな、とも思います。ほめる、という方法も良いのですが、私は、ありがとう、うれしい、助かるの３ワードを会話にさりげなく入れて、相手に「役に立った」を体感してもらえれば、良質な信頼関係は保てるはずだと考えます。

★人は誰かや何かの役に立ち、必要とされることで幸福を感じる。

あいまいさを許す

　敦子さんはキャリアウーマンです。判断力が高くスピーディーに仕事や物事を進めることができます。営業成績がよいため入社4年目でチームリーダーを任されました。チームには部下が3人います。仕事をこなしながら部下の指導もするのですが、なかなか部下との関係がうまくいきません。テキパキと仕事を処理する敦子さんのやり方とは違い、部下はとてもマイペースで、3人でワイワイと楽しそうに仕事をやっています。部下の行動を見かねた敦子さんは、部下に注意をしました。「会社はふざけて仕事をする場所ではない」「3人で勝手に進めないで細かく私に報告をするべき」「社会人という立場をわきまえるべき」

　数日後、敦子さんは部長に声を掛けられました。「敦子さんの気持ちはわかるけれど、部下たちは部下たちのやり方がある。彼らに仕事を任せて、少し気を長くして様子をみてくれないか」

　敦子さんは部長から部下への対応に注意を受けました。敦子さんは納得がいきません。「私は会社のために思って部下を指導している。会社は私の苦労を認めてくれない。部下も私のことを嫌っているだろう。もう私は会社からも部下からも必要とされていない。どうせ悪いのは私」敦子さんは退職を考えはじめてしまいました。

敦子さんのような考え方のクセを「白黒思考」といいます。100か0か、白か黒か、良いか悪いかの二者択一的な考え方をします。50〜70の出来栄えは0に等しいと解釈されます。敦子さんは判断力が高く仕事はできるのですが、白黒思考による良いか悪いかの二者択一的な判断基準を常識と考え、それを部下に押し付けてしまいました。

敦子さんから社内の様子を聴くと会社はベンチャー企業でとても自由な雰囲気があるようです。部下の仕事のやり方について、敦子さんは「その仕事のやり方は社会人として違う」と思いましたが、会社としては「その仕事のやり方はあり」と判断をしているのです。もちろん、敦子さんの主張は社会人として正しい姿勢です。別の会社であれば敦子さんの主張が正しく認められることもあるでしょう。しかし、この会社ではアリなのです。その自由な雰囲気のなかで働くことが許される会社なのです。

敦子さんのように白黒思考の人は多くいます。白黒思考による白か黒か、良いか悪いか、という考え方は人間関係にトラブルをうみやすく、また、自分で自分を追い込む傾向になりがちです。「相手はああ言ったけど、私はそれは間違っていると思う」など相手の言動や出来事に白黒をつけ、わざわざトラブルを招き、わずらわしい人間関係や環境を自ら作り上げてしまいます。

敦子さんの主張はとても社会的で正しい。しかし、世の中は白黒で判断できるものなどはほとんどなく、社会は全体的にグレーでできています。世の中でおきる出来事や人の心は白黒とハッキリできるものではなく、そのため普通・常識を基準に物事が解決することはほとんどありません。自分にとって不本意な出来事や、理解しがたい出来事があったときは、白黒で判断するより、そのあいまいさ、グレーを許すことに意識をむけたほうがストレスは最小限にとどまります。

敦子さんは部下の自由な仕事のやり方に苛立ち注意をしましたが、部下の仕事のやり方が正か悪かと判断するのは敦子さんの主観であり、白黒思考の罠です。部長から一度注意されただけで会社から必要とされていないと思い込んでしまうことも、白黒思考の回路です。敦子さんが人間関係をうまくやるためには「ま、いっか」「そういうやり方もあるのね」「少し様子を見よう」というあいまいさを許しグレーを受け入れることが必要です。

相手と自分は違う人間です。100人いたら100通りのやり方があります。相手の発言や行動が理解できないのなら、理解したり分析をする必要はありません。「この人はそういう考えだ」「この人はそういうやり方なんだ」それだけのことです。

相手のあいまいさやグレーを許せない人は、自分のグレー＝弱さ・矛盾も許せません。自分の弱さや矛盾を許せないから、失敗が許されず、窮屈な生き方になります。グレーを許すと人間関係や人生がとても楽になります。相手のあいまいさを受け入れる人間力が備わると、聴くキャラや思いやりの関わりがより大きな効果を発揮し、私たちの人間関係や人生を豊かにします。

まずは自分のグレーを許すこと。自分のグレーを許すと、相手のグレーも許すことができます。相手のグレーを許す関わりをしていくと、今度は相手があなたのグレーを許し受け入れてくれます。

★自分のなかの弱さ、あいまいさを「ま、いっか」で許すことで、相手のあいまいさも「ま、いっか」で許すことができる。

⑤身体の声を聴く

身体はすべてを知っている

私にも悩むときはあります。仕事でAの方向に行こうか、Bの方向に行こうか、新しい分野に挑戦するときはAをやろうか、Bをやろうか、ファミレスでハンバーグにしようか、ドリアにしようか。私は選択に迷ったときには「身体」に答えを聞きます。身体は確実に私にサインを送り、その時の私に合う答えを示してくれます。占いより的確に、良い方向を指し示してくれます。

こんな話を誰かにすると、必ず相手は笑います。それは感覚の鋭い松島さんだから身体からメッセージを受け取ることができるのではないのですか、と真剣に聞いてはくれません。たしかに私にはアスペルガー特有の感覚過敏があります。ちょっとした身体の変化に過敏に反応をします。とくに音と光に身体は過敏に反応をします。私は明るすぎる場所が苦手で、日当たりの良い部屋に長くいるとそれだけでぐったりしてしまいます。光に私のエネルギーが吸い取られていく感覚がします。蛍光灯の白い光も苦手で、長い時間蛍光灯の下にいると頭頂部と目がチリチリとした感覚になってきます。

私のお気に入りの仕事スペースは、我が家の日当たりの悪いリビングです。日当たりの悪い水回りも好きです。要するにゴキブリが好きそうなところが、私が落ち着く場所です。また、音にも過敏に反応をします。部屋にテレビがついていてスマホから音楽が流れているなどの、音が2つ以上重なる環境がとても苦手です。カフェで仕事の打ち合わせをするときも、周りの音が耳に強く入り相手の声が聴きとりにくいため、かなり集中して相手の話を聴きます。音楽の流れるレストランで食事をしながら会話をするなどできません。スーパーマーケットでの買い物も、光と商品陳列で頭がチカチカしてしまい、とても疲れてしまいます。光や音が多い街中や空間から帰宅をするとぐったりしてしまうため、帰宅後は暗く静かな部屋にしばらく入り自分を安定させます。私は少々やっかいな感覚過敏を持っていますが、その分、身体からのメッセージは確実にキャッチすることができます。私は私の身体感覚を信じており、どうしたら一番心地よく安心するかは身体が知っていて、私はそれに従うように生きています。

身体はとても親切で、誰よりも私たちのことを大切に考えてサインを送ってくれます。私は感覚過敏なので、自分の身体感覚を信じていますし、身体からのサインにも気づきやすい傾向にあります。しかし感覚が一般的な人でも常に身体からは「それを選んだほうが気持ちが楽になるよ」「それはやめたほうがいい、また同じ失敗をするよ」「それは危険だよ」などのサインが送られており、そのサインを受け取っているはずです。

直美さんは仕事が大好きです。仕事が楽しくて毎日時間を忘れて夢中になり仕事をしています。しかし大切なプレゼンの前日、直美さんは高熱をだし気管支炎を発症、緊急入院になってしまいました。直美さんは自分が体調を崩したことを不思議に感じています。なぜならば直美さんは、疲れをまったく感じていないからです。直美さんはベッドの上で考えてみました。そういえばここ3か月、休みなしで深夜まで働いていたことを思い出しました。

直美さんの意識では仕事が楽しく疲れを自覚していません。頭や思考では疲れを認識していない状態です。しかし身体は「休まないとダメだよ」「もう限界だよ」と認識していたようです。身体からの反応は無意識の領域からのメッセージです。直美さんの無意識には「休みたい」「休んだほうがいい」という気持ちがあったと読み取ることができます。
　みなさんもご存知の通り、人の無意識のなかにはいろいろな情報が詰まっています。過去や現在だけでなく、このままでいけばどうなるかなどの未来の情報も存在しています。無意識はその人の人生を司っている裏番長です。どのように生きたらその人が一番幸せになるのかも、無意識は知っています。人生をどう生きていけば自由になるのか、自分の個性を発揮するためには何が必要なのか、何に価値をおき何を信じればいいのか、何が心を傷つけているのか、など、自分の人生の指針になる答えはすべて無意識の中にあります。

　人には意識と無意識が存在します。意識の欲求と無意識の欲求が一致している状態が、心身が安定している状態です。例えば直美さんが仕事の疲れを感じ休もうと意識し行動にうつした場合は、意識と無意識が一致している状態です。しかし必ずしも意識と無意識の欲求が一致するわけではありません。直美さんのように、意識ではもっと働ける、無意識では休んだほうがいいと、意識と無意識の欲求が不一致をおこし、気づかないうちに心身のバランスを崩していました。おそらく無意識は身体を使って、寝ても疲れが残る、少し喉が痛いなど、少しずつ「休もう」のメッセージを直美さんに送っていたはずです。

しかし人が活動しているときは「私はもっと働ける」と思考、意識に無意識が支配されてしまうので、身体から送られる小さい無意識のメッセージになかなか気づきません。無意識は直美さんの健康を心配し少しずつ身体を使って「休もう」のメッセージを送りますが、直美さんは気づいてくれません。最後は無意識の力技で身体に影響をあたえ、体調を崩し、直美さんに無理やり休息をとらせ直美さんの健康を守りました。

直美さんにとってはプレゼン前日の入院は困ったことでしたが、無意識は身体を使い直美さんの健康を守ったのです。仕事と健康では、健康が大切なのは当然です。健康でなければ直美さんの大好きな仕事は続けられません。無意識と身体は、直美さんの健康と直美さんの好きなことを続けさせる最良の判断をしたのです。

意識と思考はつながっており、無意識と心、心と身体はつながっていることがわかります。

★自分の人生の指針になる答えは、すべて自分のなかにある。

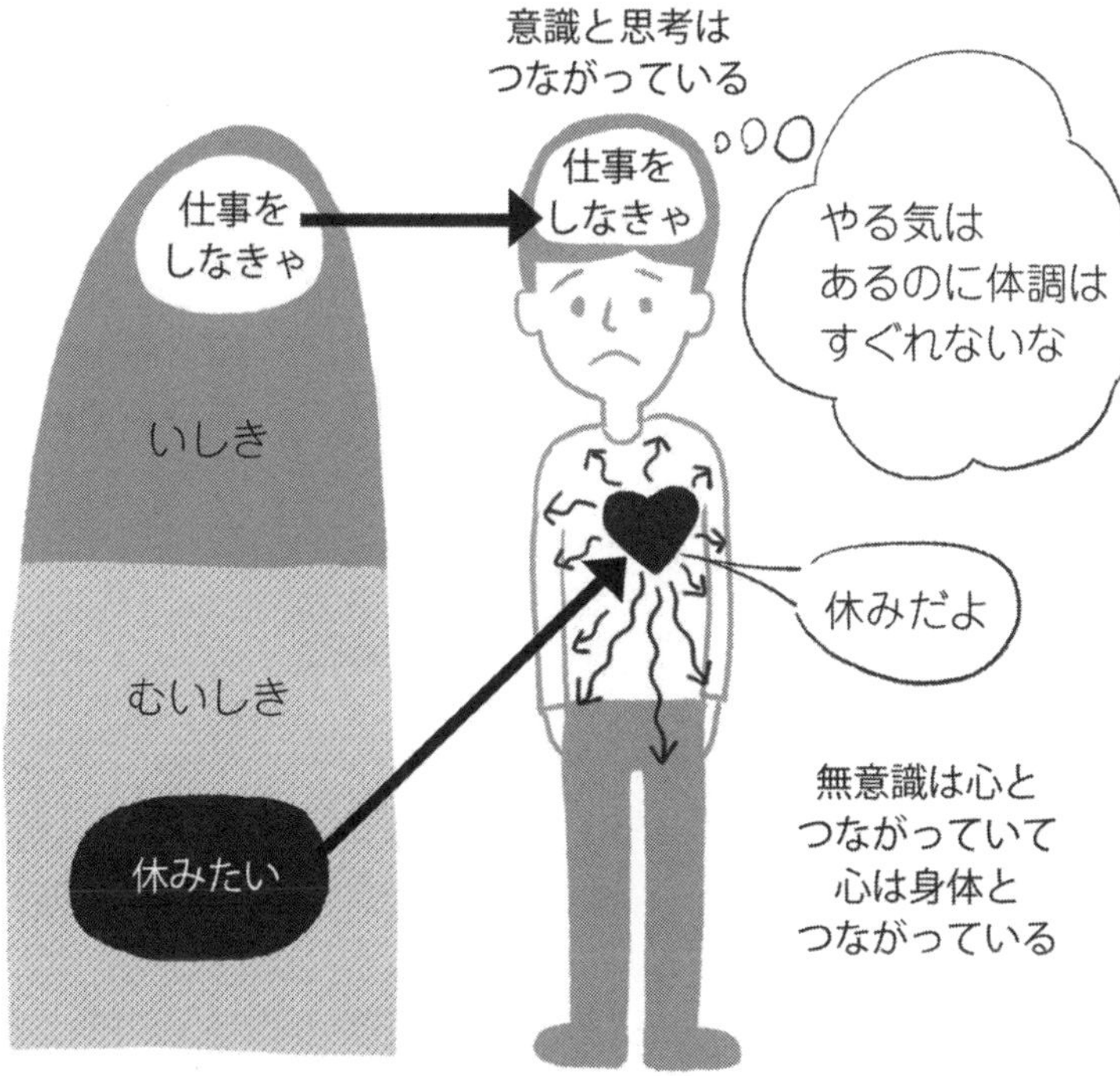
意識と思考は
つながっている
仕事を
しなきゃ
仕事を
しなきゃ
やる気は
あるのに体調は
すぐれないな
いしき
むいしき
休みたい
休みだよ
無意識は心と
つながっていて
心は身体と
つながっている

見過ごされがちなモヤっとくん

先ほど、みなさんも身体からのサインを受け取っているとお伝えしました。身体のサインは健康の危機だけでなく、私たちの日常のささいなことでも「こうしたほうがいいよ」と伝えてくれています。

仕事で新規のお客様にはじめて電話をするときに、喉がつまった感じがする。
友人のAちゃんは良い人だけど、Aちゃんと会ったあとはなんだかモヤっとする。

このような感覚を体感したことは、誰にでもあると思います。「喉がつまった感じ」「モヤっとする」これらはすべて身体からあなたへメッセージが送られている大切なサインです。その他、胸が締めつけられる感じ、ざわざわする感じ、なんとなく納得できない感じ、わかったようなわからないような感じなど、「言葉で表すことができないモヤモヤした感覚」が身体からのサインです。モヤっとくんとして登場しあなたに知覚をさせ「あなたに伝えたい大切なメッセージがあるよ」と知らせているのです。

歩美さんと静香さんは高校時代からの友人です。歩美さんは月に1～2回ほど、静香さんから「お茶にいこう」と誘われます。歩美さんは静香さんからのお誘いラインを見ると、モヤっとする感覚があります。静香さんと会うと同級生の噂話など刺激的な話題で楽しいのですが、帰宅すると精神的にひどく疲れてしまうことが度々あります。歩美さんはOKの返事をすぐに返せない自分の内側に気づいています。しかし歩美さんは「静香さんに対してそんなことを思っちゃダメ」「そんな考えをする私は悪い人間だ」「私がガマンして付き合えばいいんだ」「これは静香さんのためになることなんだ」と考え、いつも通り静香さんにOKの返事をしました。そしていつもの通り、歩美さんは帰宅後精神的に疲れぐったりとしてしまいました。その後、歩美さんは静香さんからお誘いラインがくるたびに「そんなことを考える私は悪い人間だ」と自分を責め続け、自分は性格が悪いと思い込むようになり心が病んでしまいました。

歩美さんは静香さんからのお誘いにモヤっとしています。歩美さんはしっかりと身体からのサインであるモヤっとくんをキャッチしています。しかし歩美さんは「そんなことを思っちゃダメ」と自分の感情を否定して、モヤっとくんをなかったことにしてしまいました。その結果、歩美さんはいつもと同じパターンを繰り返し精神的にぐったりとしてしまいました。

もし歩美さんがこのまま静香さんと関わっていたら、歩美さんはどうなってしまうでしょうか。歩美さんの本当の気持ちはなかったことになり、静香さんを優先して友達関係を続けることができるでしょうか。それが本当に歩美さんのためにも静香さんのためにもなることでしょうか。

歩美さんが静香さんからお誘いを受けたとき、歩美さんはモヤっとくんをキャッチしました。モヤっとくんは歩美さんに「静香さんとは本当に会いたいの？」「その人はあなたにとって本当の友達なの？」「無理をして付き合うとあなたがつらくなるよ」という本質的なメッセージを送っています。しかし歩美さんはモヤっとくんからのメッセージを見過ごしてしまいました。

このように多くの人は、モヤっとくんを見過ごしています。身体からのサインとしてモヤっとくんを感じ、「それはやりたくない」「それをやったら自分がつらくなる」と一度はキャッチをするのですが、いい人でいたい、嫌われたくないないなどの意識や思考が邪魔をして、モヤっとくんをかき消してしまいます。

モヤっとくんは、今のあなたに必要なメッセージ（気づき）を送ってくれる大切なパートナーです。どんな占いや、どんなカウンセラーよりも的確に指針を示しあなたのことを最優先に考え、あなたが居心地良く幸せになることだけを無意識と身体はあなたに伝え続けています。

★モヤっとくんは、あなたの人生をよくするために大切なメッセージを送っている。

モヤっとくんってなに？

人が緊張不安状態になると
・胸がしめつけられる感じになる
・ノドがつまった感じになる
・なんとなく納得できない
↓
モヤモヤした気持ちになる
モヤっとくん
（フェルトセンス）

モヤっとくんは無視されがち

モヤっとくんが登場すると
・そんな考えの私が悪い
・私がガマンすればいい
・これは人助けなんだ
↓
自分の感情を否定して
モヤっとをなかったことに
してしまう。

モヤっとくんは身体からのメッセージ

モヤっとくんは、今のあなたに**必要**なメッセージ（**気づき**）を送ってくれる大切なパートナーです。

ネガティブに飲み込まれない

歩美さんはモヤっとくんを感じたとき、そんなことを考える私は悪い人間だ、「私＝悪」とネガティブ感情に飲み込まれてしまいました。

人はネガティブな感情を持ったとき、ネガティブな感情とどのように関わるのでしょうか。関わり方の３つのタイプを見てみましょう。

タイプ１　ネガティブに飲み込まれる

奈々さんは職場の上司に注意をされました。奈々さんは「私はこんなにしっかり仕事をやっているのに上司は認めてくれない。私はもう必要とされていないんだ」とひどく落ち込んでしまいました。ネガティブ感情で全身を覆っている状態です。

タイプ２　ネガティブを切り離す

達也さんは職場の上司に注意をされました。達也さんは「上司は僕の仕事をちゃんと見ていない。上司の言っていることは間違っている。僕は悪くない」と自分を正当化しました。ネガティブ感情を切り離している状態です。

タイプ３　ネガティブを自分の一部と感じる

博美さんは職場の上司に注意をされました。博美さんは「上司に注意されちゃった。上司の言うこともわかるけど、私の気持ちも聞いてほしかったな」と、状況を上司の立場からも、自分の立場からも客観的に受け止めています。自分のなかにネガティブに感じている「部分」があると理解している状態です。

タイプ１の奈々さんは、女性によくあるネガティブ感情との関わり方です。ネガティブ感情に巻き込まれて、「問題＝自分（問題と同一化）」している状態です。このような状態になると、自分自身を客観視することができず、ただひたすら自分のなかにおこっているネガティブ感情に振り回されてしまいます。問題について冷静な判断ができず、問題解決が遅れることがしばしばあります。

タイプ２の達也さんは、男性によくあるネガティブ感情との関わり方です。ネガティブ感情を切り離してしまい「自分≠問題」としている状態です。このような状態になると、自分と問題は別物であり無関係であると認識します。問題を自分のこととして受け取ることができないため、問題がおこった本質的な原因に気づくことができず、問題がさらに大きくなることがしばしばあります。

タイプ1の奈々さんも、タイプ2の達也さんも、ネガティブ感情との距離感に問題があります。ネガティブ感情は飲み込まれるほどに受け止める必要もなく、また、ネガティブ感情は切り離してしまうほど遠くに追いやるものではありません。タイプ3の博美さんのようにネガティブ感情を「自分の一部」として受け止め、「私の中の一部にネガティブを

- 私＝悲しい
- 私＝悲しさ

- 私の一部は悲しい
- 私には悲しさを感じている部分がある
- 私はここ
- 悲しさはそこ

- 私は悲しくない

感じている部分があるな」と客観的にネガティブ感情を観察することがネガティブ感情とのほどよい距離です。

タイプ１の奈々さんは問題と自分の気持ちを区別し客観視する必要があります。タイプ２の達也さんは問題と自分の気持ちを結合させる必要があります。そして両者とも、問題解決に向けて建設的な指針を明確にすることが求められます。そのためには②考え方のクセに気づくでお伝えしたＡＢＣ理論を参考に、おこった出来事と誘発された感情のつながりを分析するのもよい方法です。しかし分析などせずとも、タイプ３の博美さんのように、ネガティブ感情とほどよい距離を保ちながら、かつ、「身体とやさしく会話」をすることでネガティブ感情からメッセージや、問題解決に向けての指針を受け取る方法「フォーカシング」があります。

★ネガティブに飲み込まれすぎても、ネガティブを切り離してもだめ。ネガティブを自分の一部として受け止める。

こんな時にはモヤっとくんに聞こう

仕事で新規のお客様にはじめて電話をするときに、喉がつまった感じがする。
友人のAちゃんは良い人だけど、Aちゃんと会ったあとはなんだかモヤっとする。

モヤモヤする、喉がつまる、胸が締め付けられる、ざわざわする、腑に落ちない、そわそわする、ドキドキする、ワクワクする、このような感覚は何らかの意味をもつ身体感覚とされ、私たちに何かを伝えたくて出てきています。この何らかの意味を持つ感覚、モヤっとくんは、心理学用語で「フェルトセンス」といいます。このフェルトセンスに心の中で話しかけると、無意識に存在する本当の自分の気持ち、自分が居心地良くなる方法が意識化されます。自分はどうしたいのかが無意識から意識に上げられ知的に認識をされることで「そっか、自分がどうしたいかわかった」「自分はこのようにしたら居心地がよくなるんだな」と理解できモヤモヤが消え問題解決のヒントを得るとともに、緊張していた身体もほぐれ心身の健康にもつながります。

フェルトセンスに話しかけるという手法は「フォーカシング」という心理療法です。フォーカシングの創始者であるユージン・ジェンドリンは、来談者中心療法のカール・ロジャーズとともに効果的な心理療法の研究に取り組み、フェルトセンスにアプローチをする方法を発見し、フォーカシングを開発しました。

身体からのサインを受け取る、モヤっとくんからメッセージを受け取る。メッセージを受け取るためにはネガティブ感情に飲み込まれすぎず、またネガティブ感情を遠くにおかず、ネガティブ感情＝モヤっとくんを自分の身体の一部と感じることが大切です。そのためフォーカシングでは、ネガティブ感情を自己の中にいるメッセンジャーとして擬人化し、対話をすることで無意識からのメッセージを受け取る仕組みになっています。このあたりの理解は言葉では難しいと思います。最後にフォーカシングのやり方をわかりやすくお伝えします。

フォーカシングのやり方６ステップをご説明する前に、フォーカシングをぜひ試してほしい事柄をお伝えします。

●自分が本当は何を感じているか、何をしたいのか、わからない。

（例）友達からランチのお誘い。いつもうれしいのだけど、帰りはドっと疲れてしまい帰宅後は不機嫌になってしまう。誘われるたびになんとなくモヤモヤっとする私。私は友達との付き合いについてどう感じているのかしら。

●時々すごく不安になったり、怒りや悲しみなど強い感情に襲われてしまい、どうしていいかわからなくなる。

(例) 子どものほんのささいな行動にイライラして、子どもにきつく怒ってしまう。この怒りは本当に子どもに向けられたものなの?

(例) 私の将来が心配。私の将来を考えると不安になる。この不安の根源はなんだろう?

●これからどのように生きていくか、今の恋人とどうするのか、結婚したほうがいいのかどうか、進学就職など、大切なことを自分で決定することができない。自分がどうすべきかを自分で決められない。

(例) 今付き合っている彼氏。一緒にいて楽しいけれど、なんとなくモヤっとする。私は彼のことを本当に好きなのかな……

(例) 私は大学を卒業したら銀行に勤めたい。でもなんだかモヤモヤする。私は本当に銀行に勤めたいのかな……

●もっと自分を大切にしたい。もっと自分とじっくり向き合いたい。そのために心理学を学びたい、心理セミナーに行きたいと思うけれど、なんとなく抵抗感がある。自分が一人でできる、安心できる自分の心との付き合い方を知りたい。

●落ち込みやすく、悩みやすい私。人に話すのも抵抗がある。カウンセリングに行かなくてもカウンセリングと同等の効果のある、自分の心との付き合い方を知りたい。

★フォーカシングは、激しい心理療法を苦手とする日本人にぴったりな静かで穏やかな自分探しの方法。自分の「感じ」にふれることで優しく穏やかに自分を癒しながら答えを見つけていこう。

モヤっとくんとお話しをする

あなたがモヤっとしたとき、理由のわからない不安を感じたとき、怒りを感じたとき、方向性に悩んだとき、モヤっとくんとお話しをしてメッセージを受け取ってみましょう。フォーカシング6ステップをご紹介します。

フォーカシング6ステップ

静かな部屋でひとりになりましょう。呼吸を整え心を落ち着けます。あなたが今悩んでいること、最近腹が立ったこと、最近イライラしたこと、決断をしたいことなどをひとつ思い出しましょう。フォーカシングでのモヤっとくんとの対話は言葉に出して問いかけてもいいですし、心の中でモヤっとくんに問いかけても良いです。

①モヤっとくんをみつけましょう。

●身体のどこかにモヤっとくんがいます。身体のどのあたりにモヤっとくんがいるか探してみましょう。
●胸に手をあてながら意識をゆっくりと身体に向けていきます。手足からゆっくりと身体の中心に意識を向けましょう。
●とくに喉、胸、胃、お腹のあたりに意識を向けるとモヤっとくんが見つかります。
●モヤっとくんのいる場所は、ズシッと重く感じたり、モヤモヤと違和感を感じたり、気の塊のようなものを身体で感じる場所です。

②モヤっとくんに挨拶をしてみましょう。「こんにちは」

●モヤっとくんに挨拶したら、どんな反応がありましたか。あなたを受け入れてくれる雰囲気があったら、近づいてもいいか聞いてみましょう。「ちょっとそばにいってもいい？」
●モヤっとくんがＹＥＳと答えてくれたら、モヤっとくんの横にそっと座るイメージをしてみましょう。

③モヤっとくんのそばに座って、モヤっとくんを観察してみましょう。

●モヤっとくんはどんなイメージですか。イメージを絵にかいてみたり、モヤっとくんに名前をつけてみるのもいいですね。
モヤっとくんは何色?、重い?軽い?、硬い?柔らかい?、熱い?冷たい?
●モヤっとくんはどんな感情をもっていますか
モヤっとくんはうれしい、楽しい、悲しい、寂しい、怒っている、どんな感情を持っている雰囲気ですか。
●モヤっとくんはどんな言葉を言っていますか
モヤっとくんの心に耳を傾けると、モヤっとくんから何か言葉が聞こえてくるかもしれません。

④小さな子どもに話しかけるように、モヤっとくんに話しかけてみましょう。
●何がそんなに怖いの。何がそんなに悲しいの
●そんなに怒っているのは何のせいなの
●何があってそんなに傷ついたの
●そんなにザワザワしているのは何のせいなの

モヤっとくんからメッセージの要点を聞く

●それをするためには何が必要なの
●何を望んでいるの
●どのようになりたいの
●私にできることは何

⑤モヤっとくんの気持ちを認める

●④でのモヤっとくんとの対話のなかで、モヤっとくんはあなたに気持ちを伝えてきます。そのときモヤっとくんがどのようなことを伝えてきてもあなたは否定せず批判もせず、ただ受け止めてあげましょう。聴くキャラに徹する、です。
●モヤっとくんが寂しい、悲しいなどの気持ちを伝えてきたら、「寂しいんだね」「悲しいんだね」と、気持ちに触れる関わりをしてください。

⑥お礼を言ってサヨナラをしよう

●モヤっとくんの要望やあなたに望んでいることを聞くことができたら、ゆっくりとフォーカシングを終了していきます。そろそろ終了にしようと思ったら「終わりにしてもいい？まだ何か言いたい？」と、モヤっとくんに聞きましょう。

●またいつでもモヤっとくんとの対話に戻れるように、モヤっとくんのいる身体の場所、イメージ、体感を覚えておきましょう。

●かならず感謝をしてお別れをしましょう。

「いろいろ気づかせてくれてありがとう」

「教えてくれてありがとう」

「私に付き合ってくれてありがとう」

「また戻ってくるからね」

●モヤっとくんとさよならをしたら、ゆっくりと意識を頭に戻していきます。意識をもとに戻したら、モヤっとくんとの対話を改めてまとめてみましょう。

●あなたはモヤっとくんからどんなメッセージをもらいましたか

●あなたはそのメッセージについてどう感じますか

フォーカシングシミュレーション

香織さんは最近、つい子どもを叱り過ぎてしまいます。

自分でも子どもに怒り過ぎと感じていますが、一度怒ると怒りが止まりません。香織さんはこの「怒り」にフォーカシングをして、身体からメッセージを受け取ることにしました。

香織さんは静かな部屋でひとりになり、昨日子どもを叱ったときの感覚を思い出します。

①モヤっとくんをみつける。
香織さんが昨日の怒りを思い出したとき、みぞおちあたりにモヤっとくんの存在を感じました。

②挨拶をしてみる「こんにちは」「そばに近寄ってもいいですか」
香織さんは心の中でモヤっとくんに挨拶をしました。そばに近寄ってもいいかと聞いたら、モヤっとくんは少し間をおき、ＹＥＳと答えたようです。

③モヤっとくんのそばで、モヤッとくんを観察する

・モヤっとくんは黒に近いグレーで、硬くて重そうで、冷たい感じ。
・モヤっとくんの感情は「悲しい」
・モヤっとくんからの言葉は「ひとりぼっち」

④モヤっとくんに話かける

⑤モヤっとくんの気持ちを認める（それはつらかったね…）

・何がそんなに悲しいの？
　誰も私を助けてくれない
・何があってそんなに傷ついたの？
　母も夫も私をわかってくれない。私には味方がいない。
・モヤっとくんはどうなりたいの？
　もっと私を理解してほしい。
　もっと夫に子育てを手伝ってほしい。

母には遠くから見守ってほしい。

・私にできることはなに？

もっとちゃんと夫に相談して。

もっとしっかりと夫と話し合ってほしい。

⑥モヤっとくんにお礼を言う

・まだ言いたいことはある？

・今日は話してくれてありがとう

香織さんはモヤっとくんから、夫に子育てに協力してほしい、夫ともっと話し合ってほしい、というメッセージをもらいました。香織さんはモヤっとくんからのメッセージを受け取り、香織さんが怒っていたのは子どもに向けたものではなく、怒りの原因は母や夫との関係にあることがわかりました。香織さんは今まで、夫や母に不満を感じている自分に気づいていませんでした。なぜならば香織さんは、育児は母親である自分がすべてやるべきことだと思い込んでいたからです。

香織さんの実母は家事も育児も完璧にこなす人でした。自分も実母のような母親にならなければならないと香織さんは思い込み、家事も育児もすべて一人で抱え込んだ結果、その余裕のなさからフラストレーションがたまり、子どもにイライラが向けられてしまいました。香織さんと実母は別の人間です。実母にできても香織さんにはできないこともあります。香織さんは実母と同じ生き方を選択する必要はなく、香織さんは香織さんの生きやすい人生を作ることができることに気づきました。

フォーカシングは慣れてくると、わざわざ静かな部屋に行き集中しなくても簡単にできるようになります。お風呂の中、トイレの中、リビングのソファ、キッチンに立ちながらなど、軽く自分の身体に意識を向けモヤっとくんと対話すると、メッセージを素早く受け取ることができるようになります。私は感覚過敏なので、自分の心や身体に感じる小さなモヤっとくんを見逃しません。モヤっとくんが小さいうちにキャッチしてメッセージを受け取ってあげると、問題や悩みが小さいうちに解決されます。

カウンセリングでクライアントさんのご相談を伺っていると、その問題がここまで大きくなる前に、身体のなかにモヤっとくんがでてきて、言葉にはならないモヤモヤや不安をクライアントさんに感じさせるかたちでモヤっとくんが警告を促していることがわかります。「その人と付き合わない方がいいよ、その人と関わるとわずらわしいことになるよ」「あなたは本当にその仕事をしたいの？　その仕事を続けていたら身体を壊してしまうよ」モヤっとくんは無意識の領域からのメッセンジャーです。無意識にはあなたの未来の情報も詰まっており、「このままでは将来あなたは追い詰められちゃうよ」「だから今、人生の軌道修正をしよう」と身体はあなたのことを大切に思い訴えてきます。

ちなみにモヤっとくんは、ネガティブなときにでてくるばかりではありません。あなたが美術館に行き、ある作品を見たときに身体がドキドキした。友達が活動をしているボランティアの話を聞いたら身体がワクワクした。このドキドキ、ワクワクもフェルトセンスを介した無意識からのメッセージです。「あなたもそれをやってごらん！」「それをやったらきっと楽しいよ」「自分を取り戻せるよ」。

身体はあなたの才能を知っています。あなたがあなたの才能を引き出す物事に触れると、身体はドキドキワクワクというフェルトセンスを使い「それだよ、それ！　それはあなたの才能に関係のあることだよ！」と知らせてくれます。私は心理学の本を初めて読んだとき、身体が震えたことを今でも覚えています。

なんだかわからないけど興味がある、なんだかわからないけどそれをやりたくて仕方がない、この「なんだかわからない感覚」は、フェルトセンスがあなたに才能を知らせているサインです。今さら何をやっても意味がない、私なんか無理などと、思考と意識で無意識からの才能メッセージをつぶさずに、ぜひドキドキワクワクしたものに関わってください。それはあなたが何かに夢中になることでわずらわしい人間関係から抜け出し、安心してひとりになる大切な素材になるでしょう。

選択に悩んだとき、人生につまずいたとき、悩みの答えを知りたいとき、誰かに相談することとは良いことです。しかし、信頼できる人に相談をするのならよいのですが、相手を選ばずに相談をしていると、いつも誰かの意見に振り回されてしまいます。あなたの中には常にあなたにとってベストな答えが備わっています。自分の感覚や自分の身体を信じて自分の中にある答えを出すことができれば、あなたは人間関係のほどよい距離感を保ちながら、安心してひとりになることができるでしょう。

★ドキドキ、ワクワクは、あなたの才能を引き出す身体からのサイン。

⑥自分の好きなことを見つける

好きなことがあればひとりでも平気

私は人間関係がめんどくさいです。そんな私も、以前は私なりに人とうまくやろうと努力をしました。しかし、空気が読めないわ、女子トークについていけないわで、苦手な人づきあいに努力をしてもまわりの人と同じようにできず、劣等感を感じみじめな気持ちになるだけでした。人と会うことが怖くなり主婦ヒキコモリになったとき、私は自宅でひとり細々と心理学をはじめました。私は心理学にハマり心理学の勉強を深めれば深めるほど、それまで悩んでいた人づきあいのことなど、さっぱりどうでもよくなりました。

それは心理学の勉強で心のコントロールを身に着けたからではありません。私にはアスペルガー特有の過集中と興味幅の狭さがあります。ひとつのものに対するこだわりがとても強く、わからないことをわかるまでやり続ける特性があります。心理学を勉強していると次から次へと知らない心理学用語が登場し、私の知的好奇心を刺激します。目の前の知らない課題に対し、自分にはやるべきことがある、知りたい欲求、知ることの喜びが私の心を満たすと同時に安心感を与えました。

そんなことを毎日やっていると人付き合いに悩んでいる暇がなくなり、ひとりでいても平気、人にどう思われても平気という「ひとりになる勇気」が自然とでてきました。私は心理学を深めている4年間はほんとうに誰ともプライベートで会いませんでした。誰かと会うより心理学を勉強している方が楽しかったからです。そのうち好きな心理学が仕事になり、使命感がでてきました。使命感によって、さらに「ひとりがいい」「ひとりでいいんだ」が確定的になりました。私は自由になりました。誰かが私のことを変人と言っても、私は平気です。それは私の居場所、私のやるべきことができたからです。

彼氏に夢中になりすぎて重くなりふられてしまうという恋愛パターンに悩む女性、子育てが終わり第二の人生がはじまったが何をしていいかわからず途方に暮れる女性、子育てに夢中になりすぎて自分を見失っている女性など、面談では他者を優先しすぎて自分軸を失った女性のお話しもたびたび聴かせていただきます。これらの悩みには、「今までと違うパターンをつくる」ことが対応策となります。今までエネルギーを向けていた方向を変え、違うものにエネルギーを向けることが必要になります。

その際、私はクライアントさんに「あなたの好きなことは何ですか」とお聞きします。しかしほとんどのクライアントさんは「私には何もない」「私にできることなどない」「何にも興味がない」と言います。しかし面談を深めクライアントさんの興味を少しずつ探っていくと、「こんなことを言うのは恥ずかしいのですがパン作りに興味があります」「自分では理由がわからないのですが樹木を見るのがとても好きです」と、必ず興味対象がでてきます。私は人には誰にでも興味の持てることがあり、得意なことがあると信じています。私はクライアントさんに「その興味のあることをどんな形でもいいので少し関わることはできますか」と聞くと、これまたほとんどのクライアントさんが「パン作りなど今さらやったって何にもならない」「樹木の興味を深めたところでお金にはならないでしょう」と答えます。本当にそうでしょうか。

何かをはじめるときに、何かの形にしなければならない、お金にならなければ意味がない、それができなければその労力は無駄に終わるだけだと、それこそ自分の狭い主観で世界を見ているのではないのでしょうか。どうしてやってもいないのに結果を求めるのでしょうか。何かをはじめるということは、結果を得ることではなく、行動することに意味があります。結果は行動の後についてきます。自信がないから行動できないと言う人がいますが、それではいつになったら自信がつくのですか。自信という見えないものを待っていたら、いつまでたっても行動できません。自信があるから行動できる、ではなく、行動するから自信がつきます。

あなたの興味はあなたの行動力の源です。その行動があなたの自信につながり、ひとりになる勇気がでてきます。好きなことは今の人生のパターンを変える大切な要素です。新しいことをはじめることは不安ですし、失敗することは怖いことです。しかし何もはじめていないのに自分の興味をつぶしてしまうのは、本当にもったいないことです。

私はよく、どのようにしてひとりでここまで仕事の形をつくってきたのかを聞かれます。私は聞かれたことに答えます。するとほとんどの人は「それは松島さんだからできたことですよね。好きなことを仕事にすることは誰にでもできることじゃないですよ」と言います。私はとても不思議です。好きなことを仕事にしなくたっていいと思うのです。好きなことがある、それをやる時間がほしい、そういう気持ちだけで人の心は強くなります。私の話を聞いている目の前の相手は、手も足も目も口もついています。歩ける足があるし、物を見ることができる目もある、なんなら私よりも頭のいい頭脳を持っています。私と同じようにやればいいとは言いません。人には得意なことと不得意なことがあるからです。だったらあなたの得意な方法で好きなことをやってみればいい。まだ何も試していないのに、できないと決めているのは誰でもない、あなた自身です。

好きなことをみつけると、ひとりの時間が楽しくなります。好きなことをやるために時間を有効に使い、時間を捻出します。話していてもつまらない相手と会う時間が無駄に感じられ、会う人を選ぶようになります。自分の時間を大切にするなかであなたが会いたいと思う人は、あなたにとって大切な人です。それは厳選された、あなたに必要なつながりです。

★好きなことをやる時間を優先する。それだけで人の心は強くなる。

ひとりで探す

私は、好きなことはひとりで探すことをお勧めします。理由は、ひとりの方が動きやすいからです。興味のあることに触れてみて、向いてないなと思ったらすぐにやめても大丈夫です。しかし誰かと一緒にはじめてしまうと、続ける辞めるの判断がわずらわしくなります。ひとりなら三日坊主だって恥ずかしくないし、失敗したって平気。誰にもバレません。ひとりで行動すれば、はじめるのも終わるのも自分ひとりで決めることができます。ひとりで「好き」を探すところから「ひとり」ははじまっているのです。

この趣味が自分にあっているか、誰かに相談したくなったら身体に聞いてみましょう。あなたがその趣味に触れているとき、身体は何と言っていますか。楽しんでいますか。ワクワクしていますか。それとも、なんとなくナーバスになりますか。フェルトセンスに意識を向けて、身体からのメッセージを受け取ってみましょう。しかしあなたが、心のどこかで人間関係のしがらみにとらわれていたり、普通や常識などのマイルールにこだわっていたり、私なんかと自己批判したり、人の顔色が気になるのなら、自分のなかにうまれる微細な身体感覚、フェルトセンスに気づくことができません。それは自分が自分の感受性を信じることができる「自分とのつながり」が鈍っている証拠です。

カルチャースクールでいろいろなものを体験し、おもしろいと思うものをみつけるもの楽しい方法です。しかし興味の幅が広い人は、「これもおもしろい」「あれも楽しそう」と好きが散漫しすぎて、なかなか自分の興味を把握できないことがしばしばあります。

私の好きを見つけるおすすめの方法は、家から出ないで自分の興味をみつけるやり方です。インターネットのニュースを読み、気になる記事をパソコンやスマホのファイルに保管していきます。もしくは新聞をササッと読み、気になる記事を切り抜いて保管します。１～２か月ほどすると、記事がたまります。その記事をじっくり観察すると、自分の興味の偏りが見えてきます。その偏りのジャンルをもとに、図書館で本を数冊借りて軽く読みます。それらの本を読むと、さらにどこかの部分に自分が興味を示します。それがあなたの興味のコアです。お金や外出をしなくても、ひとりで自宅で興味を見つけることはできます。

興味をもったことは、すぐに行動にうつさなくても大丈夫です。興味を持ったからといって子育てや介護、療養中など、時間と行動に制限のある人はすぐに行動できる環境ではありません。しかし、自宅で本を読む、その事柄について調べてみる、自分なりに情報をまとめてみる、自分だったらどんな活用をしてみたいかイメージをするなど、自宅でもできることはたくさんあります。自宅でじっくりとひとりで模索したりイメージをまとめてみた情報が、実際に行動にうつすときの良い資料になります。

興味をもったら少しでいいので、その興味を掘り下げてみましょう。今さらやっても遅い、それをやっても何の役にも立たない、それを身に着けてもお金にはならない、などと、社会貢献度や行動の意味、収入につなげて考えることは、行動することの壁にしかなりません。行動するまえから結果や目標、目的は持たないでください。それらは続けていれば後からくっついてきます。やりたいからやる、興味があるから少し調べてみる、それだけのことです。

もしあなたが収入につなげて考えるのなら、それはとても良いことです。収入につなげたいのならば、その興味、そのジャンルを必死でモノにしてください。本気で自分のモノにしてください。収入につなげたいのであれば、忙しいから勉強をやる時間がない、自信がないから行動できないは言い訳になりません。

★ひとりで好きなことを探すところから、ひとりの自由ははじまっている。

好きなことを役立てる

自分の好きなことが見つかり、好きなことに時間を使えることは人生が豊かになります。好きなことは人生を豊かにするだけでなく、自尊心を育てることにも役立ちます。

自尊心とは何でしょう。周りに流されず、自分の意志を大切にできる心の状態をいいます。失敗をしたりうまくいかないことがあっても過剰に自己否定をせず、自分の価値を維持できる心の在り方を意味します。簡単に言うと、ありのままの自分が好き、私は私でいい、自分を大切に想う気持ちです。

自尊心が足りない人は、何かにチャレンジするとき「自分には無理」とあきらめてしまい、誰かと自分を比べ劣等感を感じ「どうせ私なんて」と思い込む傾向があります。

自尊心が低すぎるとささいなことで落ち込みやすく、心が折れやすくなります。自尊心が高すぎると人との関わりが上下関係になりやすく、上から目線で物事を見てしまい人間関係をこじらせてしまうこともあります。

自尊心は低すぎても高すぎても効果的に働きません。バランス良く自尊心を高めることが大切です。

自尊心は自己有能感と自己評価価値が合わさり構成されています。

自己有能感とは「自分にはできることがある」「私にはこんないいところがある」と、自分の心を支える素材を持っている状態です。自己有能感が低い人は、子どもの頃に親からダメ出しをされたり、誰かと比較される体験をしている傾向にあります。テストで90点をとっても親から褒められることはなく「あと10点はどうしたの？　なぜ間違えたの？」とダメ出しをされたり、「あの子はこれができるのに、あなたはこれができないのね」などと比較をされたりすることで、子どもは劣等感を積み重ねていきます。自己有能感が子どもの成長過程で育成されずそのまま大人になってしまうと、自分のできることよりできないことに目が向き、誰かと自分を比べて劣等感を感じ続ける生き方が染みついてしまいます。

自己評価価値とは、「私はまわりの人に受け入れられている」「私は認められている」という認識を持っている状態です。自己評価価値が低い人は、子どもの頃に親や周囲の大人に甘えたり頼ったりすることができず、受け入れてもらえたという経験が薄い傾向にあります。子どもの成長過程で自分は認められ他者から受け入れられているという体験が乏しいと「どうせ自分は誰からも理解されない」という思い込みが染みつき、大人になるとあきらめぐせがでてしまうことがあります。

好きなことを活用し自尊心を高めるために、自己有能感と自己評価価値をうまく利用してみましょう。

ひとみさんはいつも人目が気になり、自分は他者より劣っていると感じています。うまくいかないことがあると「やっぱり私は何をやってもダメね」と落ち込み自分を責めます。こんなダメな私では誰も仲良くしてくれないと不安があり、相手の顔色を伺い、いい人を演じて人付き合いをしています。

ある日、ひとみさんは美術館に行きました。ある画家の絵をみたときに、身体がそわそわした感じがありました。美術館の帰りみち、ひとみさんはふと思い出しま

自己有能感　・・・「私にはいいところがある」
「私にはできることがある」
自分を支えるものをもっている

＋

自己評価価値　・・・「私はまわりの人と同じくらい
価値がある人間だ」
自分は周囲に認められ
受け入れられているという感覚

自尊心

どちらが欠けても
過剰になってもダメ。
欠ける、過剰になると
もろい自尊心になる。

した。「そういえば小学生のころ、私はイラストをよく描いていた。お友達からも上手ねってよくほめられたな」ひとみさんは久しぶりに自宅でこっそりと絵を描きはじめました。ひとりで黙々と鉛筆で描いていると、とても気持ちが落ち着きます。絵を描くことが楽しく絵を早く仕上げたい気持ちが優先され、いつも断れなかった同僚からの飲み会も断り、絵に没頭していきます。黙々と描いているうちに、とても絵が上達してきました。仕上がった絵をみると「私でもできることがある」と感じました。

翌年、ひとみさんは自分で描いた絵を年賀状にして友達や同僚に送りました。正月休みが明け出社するやいなや、課長がかけよってきます。「ひとみさんは絵がうまいのですね。来月、取引先との合同イベントがあります。イベントのポスターの絵を描いてもらえると助かります」

ひとみさんは自分にできるかしらと一瞬不安になりましたが、身体がワクワクして「やってみたい！」と言っています。ひとみさんは課長の依頼を受け入れ、ポスターの絵を描きました。課長と約束していた納期の日、ひとみさんはイラストを提出しました。課長も同僚もひとみさんのイラストを大絶賛。すぐに印刷の手配がされました。ひとみさんは自分の描いた絵が誰かの役に立ったことがとてもうれしく、「私にも人の役に立つことができる」「私は人に必要とされている」と感じることができました。

ひとみさんは無条件に自分が興味をもった描画をはじめました。描画に没頭し、自分の時間を描画に向けるようになりました。絵は形で残るので、一番初めに描いた絵と、枚数を重ねて描いた絵を比べてみることができます。過去の自分（過去の絵）と今の自分（今の絵）を比べ、自分が上達していることに気づきます。人は誰かと自分を比べることで優越感や劣等感を感じますが、誰かと比べたところでいいことは何ひとつありません。比べるべきは他者ではなく、過去の自分と今の自分を比べることに意味があります。「以前はできなかったけど今はできている」とできている自分を感じ、自分で自分を評価することができます。ひとみさんは絵を描くことで「できている自分」を感じ、「私は絵を描くいいところがある」と自己有能感が養われます。ここまでは「自己満足」とも言います。好きなことは自己満足で充分です。しかしせっかくならば自己評価価値を同時に養い、自尊心を高めてみましょう。

ひとみさんは得意な絵を活かし会社に貢献することで「人の役に立った」と感じることがで

きました。自尊心を高めるためには、好きなことや得意なことをやり「私はできる」という自己有能感（自己満足）だけではなく、そこに「私の好きなことが誰かの役にたった」「私は必要とされている」という自己評価価値を感じることで、「私は私でいい」と自分を大切に想う自尊心を高めることができるのです。

★好きなことを誰かや何かの役に立てることで、自分を大切に思う気持ちが養われる。

自分のいいところを知る

ひとみさんのお話のように、自分の好きなこと得意なことを活かした生き方をすると「私は私のままでも人から受け入れられる」と感じることができます。過剰に人とつながることも、過剰に人を拒絶しなくても、自分らしく安心してひとりになることができることに気づきます。

私もひとみさんと同じ体験をしています。

自己有能感と自己評価価値を組み合わせて
自尊心をUP！

お絵かきが得意！
（得意なこと）

クラスのポスターを
頼まれた
（必要とされている）

自分の興味ではじめた心理学によって私のなかの「できる自分」に気づくことができました。そしてカウンセラーとなり心理学を社会で活かすことができたとき「できないことが多い私だけど、こうやって何かの役に立つことができる。私は私のままでいいんだ」と体感することができました。私は心理学が好きで無条件にひたすら勉強してきましたが、今の自分があるのは、私のなかに続ける力があったからだと思います。私の好きなことは「心理学」です。私の得意なことは「続けること」「深めること」です。好きなこと、得意なことを「つよみ」といいます。

今、社会ではこの「つよみ」が注目されています。国際的にトップクラスのビジネスをしている人は、自分のつよみをよく理解しており、そのつよみを仕事にうまく活かしています。あなたの周りにいるキラキラしている人、生き生きとしている人も、自分の好きなこと、得意なことをやっている、もしくは知っていると思います。

私らしい生き方をしている人は、自分の好きなことや得意なことを知っており、得意なことを活かしています。一方、人生につまずきやすい人は、自分の好きなことや得意なことを知らず、得意なことを活かしていない傾向にあります。

自分のつよみを知ることは、生きやすさにつながってきます。また自分のつよみを知っているか知らないかでは、人間関係にも影響がでてきます。つよみがどのように人間関係に影響を与えるのでしょうか。

千秋さんは自分のいいところ（つよみ）を知っています。千秋さんは自分のなかで自分のいいところ、できていることを見つけることができます。千秋さんには「自分のいいところをみつける力」「自分を認める力」が備わっているため、友達の百合子さんの「いいところ」も見つけることができます。千秋さんは百合子さんが落ち込んでいても「百合子さんにはこんないいところがあるよね」と励まします。百合子さんが就職活動に悩んでいるときも「百合子さんは接客が得意だったよね」と、千秋さんは百合子さんの得意なことをみつけて伝えることができます。

優子さんは自分のいいところ（つよみ）を知りません。しかし優子さんは、自分の悪いところ、できないところ、足りないところ（よわみ）を知っており、自分の欠点を見つけることができます。優子さんには「自分の悪いところをみつける力」「自分の足りないところを認める力」が備わっているため、彼氏の伸二さんと交際をしていても、伸二さんの「足りないところ」ばかりに目が行きます。優子さんは「なんでこれくらいのことができないの⁉」と、伸二さんのできていないことを見つけ注意ばかりしてしまいます。

千秋さんのように、自分のいいところを知っている人は、相手のいいところも知ることができます。相手のいいところを伝えることができるため、双方に信頼関係が築きやすくなります。優子さんのように、自分の足りないところを知っている人は、相手の足りないところに意識が向けられます。相手の足りないところばかりに目が行くため、人間関係が崩れやすくなります。

これは友達や恋人だけでなく、子どもを育てる親子間でも同じことがおこります。母親が自分のなかで自分のつよみをみつける力があれば、子どものつよみを見つけてあげることができ、子どものつよみ（才能）を伸ばすことができます。しかし、母親が自分の足りないところばかりに意識を向けていると、子どもの足りないところばかりに意識が向けられ、子どものできないことを叱ってばかりの子育てになってしまいます。

人間関係が安定しなければいつまでたっても相手のことが気になり足りない自分を嘆き、わ

なぜ、親自身が自分の強みを知る必要があるのか

弱みではなく、強みに焦点を当てることが
子供の可能性を引き出す近道

ずらわしい人間関係に縛られ続けてしまいます。

あなたが自尊心をもって「私は私のままでいい」と生きていくためには、自分のつよみを知り、それを活かすことが近道になります。また、自分のつよみを知ることは相手のつよみを知ることにつながり、お互いに向上し合える、大切な人間関係をはぐくむことにもつながるでしょう。

★自分のいいところを見つけることができると、相手のいいところも見つけることができる。

やりたいことがない

ここまで好きなことをみつけると生きやすくなるとお伝えしてきましたが、好きなことを見つけられる人ばかりではありません。何をやっても何をみても興味を感じない人もいます。好きなことをみつけて生きやすくなるのは幸せですが、生きやすくなるために好きなことを見つけなければならない、と焦ってしまっては本末転倒です。

私は面談で「自分のやりたいことがわからない」というクライアントさんには、逆に「やりたくないことをみつけてみよう」と提案することがあります。やりたいことをみつけてやることも、やりたくないことをみつけてやらないことも、どちらもその人が自由になるための行動です。

私は今、ちょっと困ったことになっています。私は好きなことを仕事にしてしまったので、他の好きなことがみつかりません。アスペルガー特有の興味幅の狭さが障害になっており、何をやっても、何をみても、まったく興味を感じません。ただひたすら、仕事をする、心理学を研究する、子育てをする、家事をする生活パターンになっています。ほとんど外出はしせん。私はルーティンが好きなので、今の生活パターンが好きです。しかし、仕事ばかりでは息が詰まるのも事実です。

悩み事を抱え私の面談に訪れるクライアントさんは、面談を続けることで段々と回復をします。自分の好きなことをみつけて活動をしてみたり、友達と旅行に行ってみたり、人間関係が良くなって食事に誘われるなど、私よりもずっと人間らしい生活を取り戻していきます。クライアントさんの回復をみていると私はとてもうれしいのですが、その一方で、「私も新しいことをはじめないとなぁ」と思ってしまいます。

しかし私はやはり、物事に興味がありません。私の好きなことは心理学です。無理に新しいことを探すためにエネルギーを使うくらいなら、もっと仕事や心理学を深めることができる環境を整えることにエネルギーを使おうと考えました。そこで私がいつも考えているのは「やりたくないリスト」です。いかにやりたくないことをやらないですむかを全力で考えています。私はやりたいことを探すより、やりたくないことをみつけてやらないことに努力するほうが、居心地良くいられます。

私のやりたくないリスト

・がんばりすぎない
・イヤなことはしない
・めんどうなことはしない
・会いたくない人とは会わない
・ガマンしたくない
・人の意見に左右されたくない

・丁寧な暮らしはしたくない

これらのやりたくないを、どうやったらやらないですむか、私は家族や、家事の専門家に相談します。やりたくない、は裏を返すと、やらなければいけない、というマイルールが隠れています。家族に「夕食を毎日作ることはやりたくありません。何か良い方法はありませんか」と相談すると、家族はわりとあっさり「だったら、やめればいいじゃん」と言いました。子どもたちは「自分の好きな食事を作ってみたい！」と言いました。私はお母さんだから家事はしっかりやらなきゃいけないと思い込み、家事と仕事を両立する自分を自分で苦しめていることにしばしば気づかされます。家庭人のくせになんてわがままなヤツなんだ、と思う方もいるかもしれませんが、これが私です。

冴子さんも好きなこと、やりたいことをみつけることができません。そのかわり、やらないことを優先する生活作りに取り組んでいます。

冴子さんは子育ても終わり、第二の人生がスタートしました。自分のために時間を使いたいと思いますが、物事への興味が薄く、何をみても気持ちが高ぶりません。

冴子さんは子どもの頃、しつけに厳しい両親の顔色を伺いながら生活をし、親の言うことすべてに従って育ってきました。冴子さんは20歳で結婚。早く実家を出たかったため、生活力のある12歳年上の夫を選びました。夫は会社を経営していたため、冴子さんは夫に従い会社を手伝いました。結婚生活のなかでは経営不振も経験し、冴子さんはいつも将来の安定ばかりを気にして生活していたため、働くばかりで自分のために時間やお金を使うことをしませんでした。どれだけ疲れても仕事も家事も休まず、子どもの進学の問題もすべてひとりで抱え解決をしてきました。

冴子さん40歳、夫が52歳のとき、義母の介護がはじまりました。若くして結婚、子育てをしながら仕事、子育てが終わると同時に介護。義母が他界したとき、冴子さんは45歳になっていました。

冴子さんは考えました。私の人生はいったいなんだろう。誰のための人生なんだろう。冴子さんは自由に生きている友人たちをみると憎らしく感じることもありました。

冴子さんとの面談を続けていくと、冴子さんは「自分のやりたいことをやりたい。青春を取り返したい」という気持ちがでてきました。私は、それでは冴子さんの好きなことを探してみようと提案してみましたが、冴子さんの好きなことはみつかりません。それは当然です。幼少期から自分の感情を押し殺し、いつも誰かに従い、誰かのために生きてきました。いざ「自分のために何をしたいか」「自分はどうしたい」と自分に問うても、精神的余裕がない冴子さんには、自分がやりたいことも、自分がどうしたいかも、自分の本当の気持ちさえ、みつけることができなくなっていました。

冴子さんはやりたいことを見つけるよりも前に、やるべきことがあります。それは、「自分の弱さを見せること」「助けを求めること」「自分のしてほしいことを言葉で伝え、相手のしてほしいことも言葉で聞くこと」です。

もし今の時点で冴子さんのやりたいことが見つかったとしても、きっと冴子さんは「夫に許可を得なければならない」「いつ義父の介護がはじまるかわからない」「お金がもったいない」「今さら何かをはじめても意味がない」と行動を抑制する心が無意識に働くことが想定されます。

冴子さんの青春を取り戻すために、今やるべきことは好きなことを探すことではありません。自分の対人関係のパターン、とくに家族との関係性を修復することが優先されます。まずは第一枠の夫との信頼関係を修復することが先決です。冴子さんはまず自分の気持ちを知り、その気持ちを表現できることが自由になる第一歩です。私は冴子さんが家族のなかで自分の気持ちを表現することができるように、やりたくないことをやらないようにしてみよう、と提案をしました。

冴子さんのやりたくないことは何かと尋ねたら、冴子さんはこのようにリストをあげました。

・疲れたときは夕食をつくりたくない。お惣菜ですませたい。
・疲れたら働きたくない。たまには休んで自分のために時間を使いたい。
・経済的不安を一人で抱えたくない。不安を夫と共有したい。
・介護を一人でやりたくない。夫にもっと協力をしてほしい。
・我慢したくない。家族に家事を協力してほしい。
・顔色を伺いたくない。自分の意見を伝えたい。

2週間後の面談で、冴子さんは私に報告をしてくれました。「夫に『私はとても疲れています。たまには自分のために仕事を休みたい』と伝えました。夫はあっさりと『そうするといいよ』と言いました。私は拍子抜けをしてしまいました。私は今まで、自分で自分に制限をかけていたのだと思います。自分がやりたいことをやったら許されず、誰かに従っていなければならないと思い込んでいました。たしかに子どものときの私は親に支配され従っていました。しかし、よく考えれば私はもう大人です。迷惑さえかけなければ、自分がどう行動するかは誰かの許可などいらないという当たり前のことに気づきました。今はまだ、自分の好きなことをみつけて時間とお金を費やすことはイメージできませんが、やりたくないことをやらないような生活にしていくことで、自分の気持ちにも余裕がでてくると思います。そうしたら私は、私の好きなことをやるよりも、私の無理のない範囲で家族のために生きることが、私の理想の生き方かもしれません」

やりたいことがみつからない人は、やらなくていいことまでがんばりすぎて、精神的にも時間的にも余裕がありません。余裕がなければ好きなことをみつける元気などでてきません。やりたいことより、やらないことを優先する。自分の弱さを言葉に出して人に頼ることも、自由を得るためには大切なプロセスになります。

冴子さんのやりたくないことをやらないようになったときに、冴子さんの心の自由はやってきます。そのときにきっと、冴子さんの好きなことがみつかると私は信じています。

★やりたいことを優先しても、やりたくないことを優先しても、自由を得ることはできる。

⑦信頼できる人は1～2人でいい

それって本当につながっていたい人？

私は人づきあいが苦手なので、プライベートでつながる人はかなり限定されます。私の数少ない友人は、私の独特な特性を理解してくれています。もちろん私も友人の気持ちや意見に耳を傾け尊重します。会う回数や連絡の頻度は少ないのですが、うれしいときは良い報告をし、困っているときは助けてと言うことができます。一年に1～2回の連絡しか取りませんが、私のなかではいつもつながっている感覚があります。

私はSNSを仕事で活用していますが、プライベートでは使っていません。最近では「SNS疲れ」という言葉がではじめているようです。記事のアップもさることながら、いいねボタンを押す押さない、いいねを押してもらった押してもらえなかったなど、画面のなかの人間関係に一喜一憂することに疲れてしまう人がでてくるのは自然な流れだと感じます。学校や職場での人間関係に気を使い、その上SNSでの人間関係に一喜一憂していると心が休まる間がありません。

一日仕事や学校が終わりホッとして家に帰っても、ＳＮＳを見て相手の言動に一喜一憂していては、いつも誰かのことを考えている状態になり、ひとりで静かな部屋にいても心はひとりにはなれません。これではひとりになり自分と向き合う時間がありません。第三章「ひとりになることで自分と向き合える」、でお伝えしたように、人はひとりのときにしか気づけない感覚があります。自分という存在をひとりのときにじっくりと感じることで自分の内側に触れることができ、今自分がどんな気持ちで、何がほしいのか、自分はどうしたいのかに気づくことができます。

多くの人が現実社会でもＳＮＳでも、人間関係を大切にしていることはよくわかりますが、いつもいつも誰かのことで気持ちを支配されていては自分の人生を生きることができません。

面談では人間関係の相談が中心で、友達や実親との関係に悩むお話しをよく伺います。クライアントさんは心の優しい方ばかりで、友達や実親ことを大切に想うと同時に、「私が悪いんだ」と自責や罪悪感を感じています。しかしその友達や実親はクライアントさんにとって本当に大切な人で、本当にクライアントさんが悪いのでしょうか。

人間関係に悩みやすい人は、無境界型の傾向があります。人間関係に巻き込まれないためには、「心の境界」が必要です。心の境界とは、ここまではできるけどここからはできない、ここまでは受け入れるけどこの先からは受け入れられないなどの、ボーダーを心のなかに敷くことです。家をイメージしてみましょう。Aさんの家はAさんの所有する土地の内側にあります。隣家の土地と区別するために、Aさんは塀や柵をたてて、自分の土地を明確にしています。他者は勝手にAさんの土地や家に侵入することは許されません。ここまではいいけれど、この先からは勝手に入ってこないでねと、Aさんの意志を塀や柵で明確にしています。

心の境界がない無境界の人は、自分の領域を明確にする塀や柵がない状態です。塀や柵がないため、他者はあなたの領域に勝手にズカズカと入ってきますが、無境界の人はそのズカズカを受け入れてしまいます。

また無境界型の人は、自分の領域に入られやすさがありますが、同時に相手の領域にもズカズカと入っていってしまうこともあります。自分が相手からの過剰なおせっかいを受け入れることを選択しているので、自分も誰かに過剰なおせっかいをしてもいいと思い込んでおり、相手の領域にズカズカと侵入してしまうことがあります。

人間関係の悩みに巻き込まれやすい人は、心に境界をひきましょう。ここまではＯＫここからはＮＧというボーダーを明確にすることが大切です。

しかしなかには、境界を明確にすることが苦手な人もいます。人間関係のなかで相手の言動に対し、ここまではＯＫここからはＮＧ、ということを言いにくいこともあるでしょう。私は境界を明確にもっていますが、実際には相手に対し「ここからは無理」と境界を明言する機会はあまりありません。なぜならば私は、誰とでも仲良くするわけではなく、付き合う人間を厳選しているからです。私にとって大切で重要な人とは信頼関係でつながっており、境界などひかなくてもお互いの領域を大切にすることができるからです。

私は境界を明確にするとともに、深く付き合わない相手も明確にしています。

私は私のやりたいことに集中するために時間を大切にしています。私にとって本当に大切な人とだけ、自分の大切な時間を共有したいと考えています。

私が付き合いを避ける３つのタイプ

１　自分のことばかり話す人
２　時間を大切にしない人
３　ネガティブなことばかり話す人

1
私にとって第2枠、第3枠に位置する人間関係において、私ははじめから自分を理解してほしいと思っていないので、聴くキャラで関わっています。だから相手が自分のことばかり話しても平常心で話を聴き続けます。基本的に自分のことばかり話す人は、自分のことにしか興味がありません。自分が一方的に自分の話ばかりしていることに気づかない人が多くいます。自分ばかり話したのに、相手と会話をしたつもりになっています。私はそのような人とは時間をさいてまでも会いません。私も人間なので、私に理解・尊重・関心を向けてくれる人に好感と信頼を感じます。「あなたはどう思ったの？」「あなたはそれでどう感じたの？」と自分の気持ちだけでなく、相手の気持ちにも触れていくような会話ができる人は、私にとって本当に大切な存在です。

2
私は時間を大切にしています。私は自分の時間を奪われることが嫌いです。自分の時間は自分が納得のいくように使いたいと思っています。もちろん自分も相手の時間を大切にすることを心がけています。時間を大切にしない人は、相手の時間も大切にしません。突然に電話をしてきたり、急に訪問をしてきます。相手の時間を考えることもなく配慮に欠ける人とは、時間をさいて会いたいとは思いません。

3　ネガティブなことばかり話す人とは、第2枠3枠の人間関係でも距離をおきます。誤解のないようにお伝えしますが、面談で私のクライアントさんがつらいお話しをすることは論外です。仕事ではクライアントさんのつらいお話をしっかりと聴きます。それが私の仕事です。しかしプライベートでは、ネガティブなことばかり話す人はご遠慮します。

この3つのタイプは私の個人的な選定です。私はこの基準をもとに人との距離を保っています。

あなたも付き合いを避けたいタイプを明確にしてみませんか。過去の人間関係を思い返してみると、微妙に感覚がズレる相手のタイプや、いつもコミュニケーションが失敗する相手のタイプなど、対人関係の共通パターンがあるはずです。「こういうタイプの人は苦手」と、苦手を認めるととても楽になります。逆に、付き合いたいタイプを明確にするのもよいと思います。そして今の人間関係とあてはめてみましょう。あなたと関わっているその人は、本当にあなたが付き合っていきたい人ですか。あなたと関わっているその人は、あなたの個人的な領域に侵入してきませんか。あなたはその人に侵入されたときどう感じますか。またあなたも相手の領域に侵入しすぎていませんか。

改めてその人間関係があなたにとって本当に必要なのか考えてみましょう。

★人間関係に悩みやすい人は、心に境界線をひく。

本当のつながり

本当のつながりとは何でしょうか。つながりとは信頼です。会う回数や連絡の頻度、SNSの反応でつながっているのではなく、心と心の精神的なつながり。信頼関係があるとつねに連絡を取り合っていなくても、悩んだとき、悲しいとき、うれしい報告があるとき、久しぶりに連絡を取り合っても違和感を感じません。信頼関係でつながっている人の前では泣くことができます。助けてと頼ることができます。久しぶりに連絡をしてつらい気持ちを伝えると、すぐに時間を割いて会おうとなります。お互いの言葉を否定せず、受け止めながら肯定的に会話がすみます。過剰なアドバイスはしません。自分を隠すことなく、ただ一緒にいて安心できます。

ひとりでいるとき心が折れそうになっても「つらくなったときあの人に話そう」と心を支えてくれるサポーター。その人の存在を感じるだけで心が落ち着きまたがんばろうと思える、そんな心の信頼でつながっている関係が本当のつながりです。信頼とは利害関係がなく、ただ無条件にその人とつながっています。自己犠牲、金銭や損得、権威的立場、誰かの悪口などでつながる関係は信頼にはとどきません。

本当のつながりのなかで「人に頼る」という関わりができてきます。この「人に頼る」ということが、なかなかできないという人がいます。

律子さんは生後5か月の赤ちゃんを育てています。赤ちゃんが1歳になったとき、律子さんは会社復帰をする予定です。律子さんは赤ちゃんの誕生を心待ちにしており、育児をとても楽しみにしていました。しかし産後、想像より赤ちゃんのお世話は大変でした。その上産後の身体の回復が遅く、赤ちゃんの夜泣きや授乳がとてもつらく感じられました。新生児の半年検診に行ったとき、律子さんの様子を心配した保健師さんは、「夫や義母に育児を助けてもらえない？」「少し赤ちゃんと離れることはできない？」と律子さんに聞きました。

しかし律子さんは「夫は仕事で忙しい。義母には迷惑をかけたくない。だから私が責任をもって育児をやります。大丈夫です」と答えました。しかしその3か月後、律子さんは心身を崩してしまい、家事も育児もできなくなってしまいました。夫も義母も、その時点で律子さんのつらさに気づきました。夫と義母は「なんでもっと早く言ってくれなかったのか」と言いました。律子さんは家事も子育てもできなくなり夫と義母を心配させてしまった上、会社への復帰も遠のき、まわりの人に迷惑をかけてしまったことに大きな罪悪感を感じました。

律子さんのように、人に頼ることに抵抗感を感じる人は多くいます。その多くは幼少期の家庭で親に甘えることができなかったり、コミュニケーションの不足から他者から受け入れてもらえた経験の少なさが要因となり、「私のお願いなど誰からも受け入れてもらえないだろう」という思い込みが定着します。その思い込みが定着したまま大人になると、仕事を一人で抱え込んでしまったとき、育児をひとりで抱え込んでしまったとき、悩みを一人で抱え込んでしまったときなど、誰にも助けてが言えず、自分で自分を追い詰めてしまう状態になっていきます。

私も以前は律子さんのように、人に頼ることができませんでした。しかし人間関係を整理し、私が本当に安心してつながれる人とだけつながるようになったとき、信頼できる人には頼っていいんだ、ということを体感し学びました。

「人に頼る」ということは人が社会で適応的に生きていくために必要なスキルです。生きていれば必ず困ったことがでてきます。そのときに誰かに頼り、助けてもらうというプロセスを自分でつくることができなければ、一人で抱え込み自分がつぶれてしまいます。本当のつながりをつくるためにも自分のためにも人に頼ることを実践し、頼るというスキルをぜひ身に着けてください。

信頼できる人がいつも心に存在し支えてくれる関係が、本当のつながりです。友達がたくさんいたり、ＳＮＳでつながっている人数が多いのは良いことです。しかし、そのたくさんの中に信頼できる人、頼れる人は何人いますか。たくさんの人間関係があっても信頼でつながっている人がいなければ、それは「孤独」です。

★人に頼ることは、社会でよりよく生きていくために必要なスキル。

安心してひとりになれた私

友達がたくさんいても、信頼できる人がいなければ「孤独」。
ひとりで引きこもっていても信頼できる人が1〜2人いれば、それは「安心できるひとり」。
私は、孤独とひとりの両方を体験しています。

私は子どもの頃、しつけの厳しい家庭に育ちました。私はアスペルガー特有のこだわりがあり感情の起伏も激しかったため、親が私を理解できず育てにくかったはずです。しかし、独特な特性を理解してもらえないことは、子どもの私にとってとてもつらいことでした。親は「普通はこれくらいできるでしょう」「常識的に考えなさい」といつも私に言っていましたが、私にはその普通や常識がわかりません。家族のなかにいても私は突飛な行動をするので浮いた存在になります。小学校中学校でもコミュニケーションがうまくとれず、私は学校でも家でも居場所がなく孤独でした。

小学4年生のある日、私は図工で使う絵の道具を忘れてしまいました。先生からさんざん叱られたあと、「道具室に行き補助用の絵具を持ってきて使いなさい」と指示を受けました。私はトボトボと歩き人気のない道具室に入ろうとしたとき、後ろから校長先生が声をかけてくれました。「どうしたの？　大丈夫？　何があったの？」私は言葉がでず下を向いてただ涙を流したことを鮮明に覚えています。私は小学生のとき、すでに大人を信用していませんでした。当時私のまわりには優しくしてくれる大人がいなかったので、大人に優しくされることに戸惑ってしまったのだと思います。孤独というものは、人の優しさに出会ったとき、うれしいという素直な感情よりも、どうしていいかわからない歪んだ感情になることを私は小学生のときに体感しました。

私が社会人になる頃には「普通の人のふりをする」というコミュニケーションのやり方を身に着けていました。私は隣の人と同じことを言い、まわりの人と同じことをすることで、なんとか人の輪の中に入ることができました。「私もみんなと同じようにできる」そう思い必死に普通の人を演じることで仲間に入れてもらえ、人間関係を楽しく過ごすことができました。

しかし、私が普通の人をやればやるほど、気持ちが落ち込むのです。仲間が「このキャラクターってかわいいよね」と楽しそうに話すのですが、私はそのキャラクターがまったくかわいいと思いません。「夏休みは海外旅行がいいわよね」と誰かが言うと、まわりの人は、行こう行こう、と盛り上がります。しかし私は、海外旅行などまったく興味はありません。私は仲間との関係にズレと違和感を常に感じていました。しかし私は、「みんなと同じにできない私が悪いんだ」「どうして私はちゃんとできないんだ」と思い、まわりと自分の違いを感じるたびに、気持ちが落ち込んでいきました。今では、アスペルガーが無理に普通の人に合わせてもうまくいかなくて当然だとわかります。しかし当時の私は人と自分が違うこと、人と同じことができないことをとても悩みました。私がズレを感じ落ち込んでいることは、仲間には話すことができませんでした。きっと話したら嫌われてしまうと感じたからです。私はありのままでは受け入れてもらえない。私は仲間といても孤独でした。

幼少期からの孤独にさいなまれるなか、私は夫と出会い結婚をしました。結婚は日常生活ですので、普通のふりではもちません。私は夫の前では独特な自分を見せました。しかし夫は私に対し、常識では、普通では、という言葉を言いませんでした。夫は私の独特なこだわり行動や発言を、否定も肯定もせずに受け入れてくれました。私は夫と結婚してから人生ではじめて、そのままの自分を受け入れてもらえる体験をしました。私の人生は夫と結婚してからはじまったと、今でもそう思います。

第二章でお伝えしたように、私の人生の大きな壁は出産と子育てのときにやってきました。

産後うつから育児うつを患った私は、主婦ヒキコモリになりました。誰とも会わず、外出もしません。しかし私は家にこもればこもるほど、ひとりで安心して過ごすことができました。家の中でひとりで考えたことを夫に話します。心理学の勉強で学んだことも夫にだけ話します。夫は私の話の全てを理解してはいませんでしたが、私の話を否定せずに聴いてくれました。私が困っていることを伝えると、夫は私を助けてくれました。私は家にひきこもっていたとき、人付き合いはまったくありませんでしたが、私は孤独ではありませんでした。信頼できる夫が一人いてくれただけで、私は安心してひとりになることができたのです。心が安定し、心理学の勉強を続け、沙織先生とも出会うことができました。信頼できる人が夫と沙織先生の２人に増え、そして心理学が人の役に立ったとき、私は私のままでいいと確信をもち、以降はブレることなく現在に至ります。

私は孤独により人生が閉じました。しかし私はひとりになることで新たに人生が開かれました。

★信頼できる人がひとりいるだけで、安心してひとりになれる。

次はあなたが役に立つ番

夫は私の心の支えになってくれました。私は子育て期にずいぶんと夫に迷惑をかけてしまいましたが、心理学を学びカウンセラーになり、適切なコミュニケーションを身に着けた今は、夫が私を支えてくれたように、私も夫を支えるようサポートを心掛けています。

あなたが信頼できる人に、頼ったり、助けてもらったり、気持ちを分かち合うことで心の支えになってもらったなら、今度はあなたが相手の心の支えになる番です。「誰かを助けたい」「誰かの役に立ちたい」と思うその気持ちは、あなたを活性化する原動力にもなります。

人の心の支えになるためには、どのような姿勢で何をしたらよいでしょうか。今までお伝えした1～5のスキルを活用してみましょう。

1　仲良くする人としない人をわける

あなたが信頼する人は第一枠の重要な人物に配置されるでしょう。第一枠の重要な人物とだけ仲良くできていれば、第二枠、第三枠の人間関係は気にする必要はありません。第一枠の人物には、あなたのエネルギーの80％を使い協力しましょう。

2　考え方のクセに気づく

自分と相手は違う人間です。相手のことを理解できなかったら「この人は今そう感じているんだな」「これがこの人の考えなんだな」と受け入れましょう。それが正しいとか間違っているなどの判定はしません。それはあなたの主観です。「普通はこうしなければならない」「常識ではこうあるべき」というあなたのマイルールを相手に押し付けないように気を付けましょう。

3　コミュニケーションを見直す

相手のために何かしてあげたいと思ったときは、「私はあなたのために何ができる？」と言葉にして相手に確認をしましょう。相手があなたに「こうしてほしい」と要望したことに対し、あなたは自分のできる範囲で応えましょう。相手の顔色を見て「こうしたら喜ぶだろう」と察し、一方的にわかった気にならないようにしてください。

4　聴く力、認める力を身に着ける

聴くキャラに徹する姿勢をとりつつ、思いやりのある関わりをしてください。あなたが相手の様子が気になるようでしたら、相手から打ち明けてくれることを待たずに「どうしたの？何かあった？」と気づきの関わりをしてください。相手があなたを信頼して話をしてくれたら「話してくれてありがとう」「正直に話してくれてうれしい」とポジティブな気持ちを伝えましょう。

相手の気持ちや結論があいまいな場合、あなたはじれったく感じて白黒をつけたくなるかもしれませんが「それが今の気持ちなんだな」と、相手のあいまいさを受け入れてください。

5　身体の声を聴く

相手が言葉につまったとき、気持ちが言葉にならないとき、矛盾した気持ちを持っているときなど、相手のなかでおきている小さな身体感覚を大切にしてください。相手に言葉を急がせることはしないでください。相手が言葉を失くし沈黙をしたときは、身体のなかのモヤっとくんを感じている大切な時間です。あなたも言葉を控え、相手の沈黙にゆっくりと付き合ってください。

相手を支えようと思ったとき1～5のスキルを活用することは有効ですが、はじめから1～5をすべて実践するのは難しいことです。無理をせず自分ができそうなところからひとつずつ、相手との関わりのなかに取り込んでみてください。1～5のどれかひとつでも実践できれば、相手はあなたが自分のことを大切にしてくれていると、感じることができるでしょう。

★相手があなたの心を支えてくれたら、次はあなたが相手の心を支える番。

私は私でいい

わずらわしい人間関係を整理し人とほどよい距離でつながるためには、「私は私でいい」と思える気持ちが必要です。

私の場合は、信頼できる夫と沙織先生に受け入れてもらえる体験をし、かつ心理学が人の役に立ったことで、私は私でいい、と実感することができました。

アドラー心理学には共同体感覚という価値観があります。共同体感覚とは、この社会に自分の居場所があり、ありのままの自分でいても社会や集団のなかで居心地良くいられる感覚です。もっと簡単に言うと、人に振り回されることなく、過剰に人に気を使うこともなく、私が私らしくこの世の中で生きていく感覚です。この共同体感覚を持つことが人間関係の目標着地点であるとアドラーは考えました。

私は私でいいという気持ちは、信頼できる人の支えがなくても自発的な行動で養うこともできます。アドラー心理学の共同体感覚の価値観をもとに、自分ひとりでできる、私は私でいいと感じるステップをみていきましょう。

ステップ1　他者信頼

他者信頼とは「人を無条件で信じること」です。しかし、人を無条件で信じることはとても難しいことです。私なりに少し柔らかく解釈をしなおしてみると、他者信頼とは「他者をプラスに受け入れること」です。

愛子さんの職場の隣席は美佐江さんです。美佐江さんは仕事がうまくいかないと不機嫌になり、少し言葉がきつくなります。そんな美佐江さんに愛子さんは時々困ってしまうときもありますが、愛子さんはできるだけ美佐江さんのことを柔らかく受け止めるようにしています。「まぁ、いろんな人がいるものね」「私だって完璧じゃないし、人のことは言えないなぁ」

愛子さんは美佐江さんのことを、プラスに受け入れるようにしています。ここでの他者信頼とは、他者と信頼関係をつくることが目的ではなく、あくまで対人関係をよくするための手段になります。そのため愛子さんが関わりたくない人、苦手な人にまで、無理に柔らかく受け入れる必要はありません。愛子さんは職場の関係上、美佐江さんとはうまくやりたいと思っているためエネルギーをあまり使わない範囲で柔らかく解釈をしています。

ステップ2　他者貢献

他者貢献とは「ありがとうを作り出す行動」です。他者に対しプラスに働きかけ、人からありがとうと言われるような行動をすることで「私は人の役に立つ」「私は必要とされている」

という気持ちを持つことができ、「私は認められている」という自己評価価値が高まります。あなたの得意なことで誰かの役に立つことができれば喜びを感じるとともに、自己有能感も高まり自尊心が養われていきます。

愛子さんはフラワーアレンジメントを習っています。会社の受付ロビーが殺風景なので、フラワーアレンジメントの講習で作った作品を自主的に玄関に飾ることにしました。同僚や来客から「受付ロビーが華やかになりました、ありがとうございます」「キレイなお花に出迎えられて気持ちがいいよ」と感謝の言葉を言ってもらえました。愛子さんは自分の得意なことがみんなの役に立ったことに喜びを感じ、自分のアレンジ技術にもちょっぴり自信がもてました。

愛子さんは誰かにありがとうを言われたくてお花を玄関に飾ったわけではありません。無条件に自分がそうしたいと思ったから、そうしただけです。愛子さんの行動は、自分のできる範囲のなかで無理をせず行動しています。フラワーアレンジメントはわざわざ買ったものではなく、お花の講習で作った作品を受付ロビーに置いただけです。ありがとうを作り出す行動は、自己犠牲をしてまでも貢献をすることではありません。必要以上に労力や金銭を削ってまでも貢献をすることは親切ではなく親切の押し売り、過剰適応です。

ステップ3　自己受容

自己受容とは、ありのままの自分を受け入れることです。できる自分もできない自分も、良い自分も悪い自分も、それが私。私は私でいいんだとありのままに受け入れた状態です。

愛子さんは美佐江さんをプラスに受け入れていることで美佐江さんとはトラブルもなく会社の人間関係はうまくいっています。また受付ロビーにお花を飾ったことで同僚から感謝をされ、自分が役に立つことができ愛子さんの自尊心が高まりました。ある日上司から、愛子さんにフラワーアレンジメントの依頼がありました。大切な取引先のお嬢さんが結婚するためお祝いにブーケのアレンジメントを贈りたい、とのことでした。愛子さんはしばらく考えましたが、今のアレンジメント技術ではちゃんとしたブーケを作ることができないと判断し、安請け合いすることなく上司には丁寧にお断りをしました。愛子さんは断ったことを申し訳なく感じましたが、自分にはできることとできないことがあると受け入れ、そんな私でもいいんだと前向きに思いなおしました。

愛子さんは自分のポジティブな行動で、会社での自分の居場所を確立しました。会社では背伸びをした愛子さんではなく、愛子さんのまま等身大で過ごすことができています。私は私でいいとありのままの自分を受け入れるときには、自分のできることとできないことを把握し、できることをやりながら前進していくことが大切です。

アドラーは「自分に価値があると思えるとき、人は勇気を持てる」と言いました。勇気とは、人間関係と向き合う勇気や、自分を受けれる勇気を意味します。他者をプラスに柔らかく受け入れ、ありがとうを作り出す行動をとることで自尊心を高め、私は私らしく社会や人間関係のなかにいてよいのだと共同体感覚を持つことで、私は私でいいと思える勇気が芽生えてきます。信頼できる人からサポートを受け、私は私でいいと思えるプロセスは理想的ですが、他者信頼、他者貢献、自己受容の3ステップを意識して自発的に行動すれば、自分ひとりでも、私は私でいいと思える勇気がもてるでしょう。

ちなみに、他者信頼、他者貢献、自己受容の順番は人それぞれ違います。一番はじめに他者貢献によるありがとう体験をしたことで他者信頼をすることができ、自己受容に至るプロセスをたどる人もいます。

自己受容からはじまり、他者信頼をして、他者貢献に至るケースもあります。

★誰かや何かの役に立つ行動により自分の価値を感じることで、私は私でいいと、自分を信じることができる。

⑧どう生きたいかイメージをする

潜在意識とイメージ

人とほどよい距離をとり、信頼でつながった大切な人とだけ関わり、安心してひとりになれることで、人生はシンプルになり生きやすくなります。安心してひとりになり、自分の好きなこと、興味のあることに打ち込むことは心を安定させ、自尊心を高める時間の使い方になります。1から7のスキルを実践していくと、人間関係のわずらわしさを感じず、ほどよい距離でつながることができていきます。他者とほどよい距離でつながり、相手の顔色を伺うこともなく自分優先で生活することができれば、それだけで自由を感じることでしょう。

あなたがあなたのままで自然に生きていくことができれば、それ以上の望みはないかもしれません。しかしあなたが望めば「自己実現」「人生の目標達成」に到達することもできます。「こんなふうに生きたい」が実現することでさらにあなたは幸福感を感じることができるでしょう。わずらわしい人間関係から離れることができ自分のことに集中する環境が整ったら、人生に目標をもち自己実現に向かうこともひとつの人生の選択です。実際には夢や理想を叶えられたか結果がすべてではなく、夢や理想を叶えようとする気持ちをもって生きるそのプロセスに意味があります。

私はひとりという時間のなかで心理学を身に着け、カウンセリング業がライフワークになりました。「松島さんは自己実現していますね」とよく言われますが、私自身は、自己実現したぞ！という気持ちはあまり感じていません。戦略はなく、とにかく淡々と、自分の好きなことだけをやってきただけで、そして今もそれが続いているだけです。

私は自分のステップアップのために、あまり行動的な戦略を立てません。私は今でも必要以上に人と会いませんし、基本的にひとりを好むため、ビジネス的な駆け引きができません。そのため物事を判断するときは、これをやったら得かな損かな、ではなく、これをやったらおもしろいかなと、シンプルに判断をしていき、それを淡々とひとりで地味に実行します。

自己実現のために一般的に使われる方法はPDCA法です。P～plan／計画をたてて、D～do／実行をし、C～check／実行結果を評価をして、A～act／改善策をたてる↓↓P～plan／計画をたてて…と、繰り返していきます。

ＰＤＣＡを私ふうにもっと簡単にするとこのような感じです。

1　どんな自分になりたいか夢や目標を具体化する。

2　夢や目標に到達するまでの行動を具体化する。この日までに達成をしたいから、いつまでに何をやる、その次はいつまでに何をやる、というように、目標達成まで逆算的にプランを明確にしていく。目標達成の期日をきめ、それを逆算的にプランを練る。

3　行動をする

4　行動の結果を再検討する。うまくいっていることはそのまま続ける、うまくいかなかったことは違うやり方で試してみる。

このような「行動型」の自己実現はすばらしく効果があります。自分の好きなものがわかっていて目標が明確にある人は、ぜひ試してください。

しかし、なかなか行動がおこせない人もいます。そのような人には、「イメージ法」からはじめてみることをおススメします。

私が自分のステップアップのためにやってきたことをあえて言えば、それはイメージ法です。

私が心理学の独学をはじめて３年ほどたった頃、就寝しようと布団の中に入ると、時々妙なイメージが頭の中に出てきました。そのイメージは、大きな会議室のなか大勢の前で、私が心理学の講義をしている映像でした。イメージを見ている私も、なんのこっちゃ、と笑ってしまうほどです。なぜならば私はヒキコモリで、人前で話すどころか、そもそも人付き合いがない状態。心理学だって自分がひとりで好きに勉強しているだけで、何かの役に立つなど思ってもいません。しかしあまりにも頻繁にそのイメージがでてくるので、イメージを素直に受け入れてみることにしました。どんな服装で、どんな心理学を、どんなふうに教えているのか、布団の中でイメージの背景をより具体的にしてみました。そして私は数年後、イメージそっくりそのまま、大きな会議室で心理学の講座をやるまでになっていました。

しかし私は何も驚きませんでした。この頃には心理学の知識が増えていたため、それが潜在意識を使ったイメージ法であることはすでに知っていたからです。私はおそらく講師に向いています。しかし当時の私は、そんな得意があることにまったく気づきませんでした。私は安心してひとりになり、自分の好きなことである心理学を勉強していくことで、自分のことを理解していきました。内側の気づきが深まり、自分のなかに隠れていた感情や人間関係で苦労した傷、自分のできることとできないことなどに気づくことができ、自分と自分のつながりが深まっていきました。

自分（意識）と自分（無意識）が「気づき」という形で仲良くなると、無意識が私の人生をより豊かにするため、潜在意識のなかにある様々な情報（才能、好きなこと）を開示してきました。潜在意識が無意識を通じて講師をイメージとして意識化することで私に「こんな道も向いてるよ」と伝えてきたのだと分析しています。このように、安心してひとりになり自分を深めていくと、自分の無意識も安心して、「今ならこの人に大切なことを伝えられる」と判断します。すると潜在意識にストックされている才能や得意なことなどの情報を、「なんだかわからないけどどこんなイメージがでてくる」「なんだかわからないけどそれを見るとドキドキする」などの映像イメージやフェルトセンスによる身体反応などで伝えてくるのです。私の身体は私の味方です。

先ほども言いましたが会議室での講座の時点で私はすでにこれらの知識があったため、あまり驚きませんでした。そして次は意図的に、自分の理想的なイメージをして試してみることにしました。私は学校の体育館で講演会をやっている自分をイメージしました。どんな服装で、どんな心理学を、どんなふうに教えているのか、就寝時ウトウトする意識の中でイメージを繰り返しました。もちろんその時は、学校関係の人脈などありません。しかし私はその翌年、イメージそっくりそのまま小学校の体育館で講演会をやらせていただきました。

★自己実現は行動だけでなく、イメージ作りから入ることもできる。

続ける力は自己実現の基礎

もちろん私は先行したイメージだけでなく、現在進行形の努力をしてきました。いや、正確に言うと努力はしていません。現在進行形で好きなことをやっていただけです。淡々と心理学を勉強し、論理をまとめ、資料を作り、カウンセリングに活かす、依頼された仕事は丁寧にやる、それを続けていただけです。ただ自分のなかにはいつも「なんとかなる」「私はできる」という漠然とした自信がありました。できるかどうかわからない仕事でも必ず「できます」と言って引き受けました。そしてやってみたらなんとかできた、という感じです。私はその繰り返しで今があります。

「3　コミュニケーションを見直す」で、脳は「そうかもしれない」という想像が「そうだ」と真実のように思い込みやすい働きをもっていることをお伝えしました。脳の思い込みでネガティブな結果が誘発され人間関係を歪めるケースをお伝えしました。しかしその反面、脳の思い込みを利用しポジティブな結果を誘発することも可能になるわけです。そのひとつがイメージ法です。

私が体育館での講演会イメージを繰り返したことで意識↓無意識↓潜在意識にイメージがインプットをされていきます。潜在意識にイメージが定着すると「この人はこうなるんだ」と脳が判断し、無意識的にそのイメージに近づいていくよう自分を仕向けていきます。私たちは潜在意識を直接コントロールすることはできません。私たちは潜在意識にコントロールされているのです。これを世の中では「引き寄せの法則」といいます。

それでは効果的なイメージ法のやり方をお伝えしましょう。

●就寝時、起床時、ウトウトとした意識のときにイメージをする。

ウトウトしているときは無意識の扉が半分空いており、潜在意識に届きやすい状態です。就寝時・起床時の両方イメージをすると効果が高いようですが、私は就寝時だけイメージをしていました。

●イメージは具体的にストーリー仕立てにする。

写真のようにその一場面だけをイメージするのも良いのですが、より効果的なのはイメージに具体性を持たせることです。どのような空間で、どのような人と、どのようなことをして、達成をするのか。もっとイメージを広げられるなら、その目的に到達するまでにどんな人と会い、どんな話しをし、どのようなプロセスを経て成功に至ったかを、まるで映画の脚本を書くかのように具体化できると脳がより信じ込みます。

●イメージを信じる

潜在意識はコンピューターに似ている働きがあります。物事の判断は「０」か「１」、「ある」か「ない」の認識で処理がされます。あなたがどれだけイメージをしたとしても「そんな可能性はない」と思えば「０」として潜在意識は処理をします。あなたが「難しいかもしれないけれどやってみたい！」と、そのイメージに10％でも１％でも可能性があると思っていれば、潜在意識は「１」と処理をし、実行にうつそうとします。自分のイメージを信じて「できる」「やれる」と思ってください。

●「わからない」という言葉を減らす

イメージを信じることを強めるためにも、日常で「わからない」という言葉を減らしましょう。「わからない」という言葉を発しそのままにしておくと、潜在意識は「この人は情報を整理できない」と認識します。わからないという言葉をクセにしてしまうと、脳は「答えを見つけようとしない性質」になってしまいます。考える力は想像力にもつながります。わからないときには自分なりに考えてみる、人に聞いてみる、自分で調べてみるなど、わからないに対応してみましょう。

イメージなんかで自己実現するわけがない。イメージしてもいつそれが実現するかはわからない。実現するかしないかもわからない。結局は自分で動かなきゃならない。失敗したら落ち込む。だからそんなことやったって無駄。そのように思う方もいるかもしれません。私はその考えも正しいと思います。確かにその通り。どれだけ脳のしくみを解説されても目に見えないものは不確かです。しかし、もしあなたが自己実現に少しでも興味があるのなら、腰を据えてイメージ法を実験してみてください。ひとりでこっそりできることですし、外出もせず、人前で失敗することもなく、お金もかかりません。

自己実現を望む人は多くいますが、その一方であきらめやすく短期的思考をもつ人も多くいます。目先のことや行動の損得、私なんかという思い込みに考えが奪われてしまい、自分の才能や可能性を信じることができません。世の中すぐに結果のでることは、すぐに終わっていきます。あなたが本当にライフワークになるほどの自己実現を望むならば損得や目先のこと、思い込みにとらわれず、腰を据えて自分の理想イメージにまい進してください。

アスペルガーは目的に対し忠実にまい進する特性があります。目的にまい進と言うとすごい努力家に感じるかもしれませんが、違います。要するにオタクです。自分がこれと決めたことを無条件にやらずにいられない、それだけのことです。その上、データや分析が好きなので、長期的に関わることを苦にしません。それをしたら明日どうなるのか、ではなく、それを続けたら○か月後、○年後はどうなるか、という発想をもちます。私は心理学の独学をはじめたときに、「心理学の勉強を10年続けたらどうなるのかな」と思いました。現在9年が経過しました。私はまだまだ自分のなかの伸びしろを信じています。

アインシュタインは言いました。「私は天才ではない。人よりも長くひとつのことに付き合っただけ」だと。

続ける力は自己実現の基本です。自己実現の夢があるならば、今はまだ具体的な行動にでていなくても、就寝起床時のイメージを続ける簡単なことからはじめてみましょう。そのうち不思議と自己実現に向けて、何らかの行動を自然にはじめていくはずです。

★続ける力は自己実現の基礎。

自分の道は自分で決める

1~7では、人とほどよく距離をもち、安心してひとりになる方法が書かれています。あなたが人とほどよい距離をもち自由な気持ちで生きることが理想なら1~7までのスキルを実践してください。「8　どう生きるかイメージする」では、自己実現について書かれています。あなたが人とほどよい距離をもち、さらに人生に目的、目標をもち自己実現に向かうのであれば、8のスキルを活かしてください。自己実現に向かうためには、少しだけ厳しいこともお伝えしなくてはなりません。ここから先は少しだけ厳しいお話しがでてくることを先にお伝えしておきます。

麻美さんは会社員で経理の仕事をしています。高校生のとき、麻美さんには保育士になる夢がありました。しかし麻美さんは家庭の経済的事情で進学をあきらめました。麻美さんが25歳になった今、保育士になりたい気持ちがふつふつと湧き上がってきました。しかし麻美さんは心のなかで葛藤をしています。「うちにはお金がなかったから進学できなかった。あの時に親が進学させてくれていればよかったのに。私には学歴がない。頭も悪い。きっと勉強についていけない」「彼氏は『結婚したら一緒に家業をやってほしい』と言っている。私が保育士になったら彼氏は困ってしまうかも」

麻美さんは学歴がないことへの劣等感と、彼氏の気持ちを察することで、自分の自己実現をあきらめかけています。麻美さんの思考形態は、「家にお金がなかったせいで進学できなかった→だから私には学歴がなく頭がわるい」「彼氏が家業を希望している→だから私は保育士になれない」という結論になっているようです。はたしてそれは本当でしょうか。答えはひとつしかないのでしょうか。

麻美さんの考え方は「直線的思考」です。直線的思考とは「○○のせいで私は○○だ」「私が○○なのは○○のせいだ」「○○だから私は○○だ」というように、物事がうまくいかないときにその答えを直線的にひとつにしぼって解釈してしまうことです。

例えば、彼氏のせいで私は不幸だ、私は親から厳しく育てられたから子どもにも厳しくしてしまう、私は太っているから恋愛ができない、これらも直線的思考です。


アドラー心理学では自己決定性という理論があります。自分の人生は自分が決めているという考え方です。アドラーは「人生が困難なのではなく、あなたが人生を困難にしている」と言いました。アドラーが言うように、あなたが今、人生の選択に困難を感じているのならば、それは自分自身が困難な状況にしているという解釈になります。

育った環境や親との関わり、自分の性格や特性、学校での体験、会社環境、社会の風土。これらはもちろん、あなたの人生に大きな影響を与えます。あなたがそのことでつらい経験をしたことは、無視できることではありません。自分ではどうにもできないことも、この世の中にはたくさんあります。

自分は悪くない、相手が悪い。自分は悪くない、環境が悪かった。そう思うことで心が救われることもあります。あなたが誰かに「そうだね、あなたは悪くない、かわいそう」と言われてそれで満足するならば、それも良いことです。しかし、あなたが相手を悪いと思うこと、誰かがそれを肯定し慰めることで、困難は解消されるのでしょうか。あなたが誰かに、自分は悪くないことを肯定し慰めてもらうことで気持ちが満足するならば､それはあなたが､誰かに「かわいそうだと慰めてもらう」という自己決定をしていることになります。それもひとつの自己決定でありあなたの決定なので、私は否定も肯定もしません。しかし何も変わらないなと思います。

「家にお金がなかったせいで進学できなかった、だから私には学歴がなく頭がわるい」「彼氏が家業を希望している、だから私は保育士になれない」本当に答えはひとつしかないのでしょうか。家が貧しく進学できなかった人は、みんな学歴や知的コンプレックスを持つのでしょうか。パートナーが家業を希望している人は、みんな自分のなりたい職業をあきらめてしまうのでしょうか。家が貧しく進学できなかった人は、社会人になり自分の稼ぎで授業料を払い進学する人もいます。彼氏と結婚前によく話し合い、家業と職業の折り合いをつけ好きな仕事を続ける人もいます。自分の理想を叶えるために人の何倍も努力する人もいるでしょう。

あなたがもし、○○だからあきらめる、○○だからできない、という結論であるならば、それは相手や環境のせいではなく、あなた自身が決めたことです。

自分の生まれた環境、性格や特性、経験などをどのように受け取るかは自分次第です。つらい環境だと思っても、それで自分を落ち込ませていくのか、またはその体験をバネにするかは自分で決めることができます。どちらの人生を選ぶかは、自分で決めることができるのです。

★今のあなたをつくったのは、あなた。だから、あなたを変えることができるのもあなた。

劣等感は良いこと

私のカウンセリンググルームでは、性格改善個人レッスンがあります。クライアントさんの「こうなりたい私」に近づくため、そのクライアントさんに見合った心理学をチョイスして一緒にお勉強をしていきます。いわば心理学の家庭教師です。

性格改善個人レッスンをはじめる前に、私はクライアントさんに「どんな自分になりたいですか」と質問をします。一番多い回答は「劣等感を克服したい」というご希望です。何も持っていない自分に劣等感を感じている、誰かと自分を比べて劣等感を感じる、何をやってもうまくできない自分に劣等感を感じている、など。私も以前は劣等感のかたまりでしたので、クライアントさんが劣等感に悩むお気持ちはよくわかります。

しかし、そんなクライアントさんに私は言います。「劣等感はいいことですよ！」「その劣等感をプラスに利用していきましょう」

人は劣等感があるからがんばります。「私は仕事の経験が浅い、だからもっと仕事に関わっていこう」「私は頭が悪い、だからもっと知識を増やそう」「私は太っている、だったらメイクやファッションで差をつけよう」これらはすべて、劣等感をバネにして自己成長に進むプロセスです。

劣等感とは、誰かと自分を比べて、自分が相手より劣っていると感じ心が落ち込む状態をいいます。劣等感を過剰にもつと、自分の判断や行動に自信がもてません。集団や組織のなかにいても、自分は他の人と違うと感じ疎外感をもちます。また、劣等感にさいなまれ続けると、自己嫌悪感、自己否定感の増長につながります。

このように劣等感を説明すると、やっぱり劣等感は悪いものじゃないか、と思われるかもしれません。そこでアドラーは、劣等感を3つに分けて説明をしています。

アドラー心理学　劣等感の3種類

1　劣等性
2　劣等感
3　劣等コンプレックス

1　劣等性
身体にまつわる劣等です。背が低い、足が短い、身体が弱いなど、自分ではどうすることもできない事柄をさします。

2　劣等感

誰かと自分を比べて、自分が相手より劣っていると感じ心が落ち込む状態です。こうありたいという自己理想と、現実の自分とのギャップに直面したときに心が落ち込んでしまいます。

例えば、「私は姉より勉強ができない。だから私はバカなんだ」という劣等感は、私の理想は勉強ができることなのに、私と姉を比べると私の方が勉強ができず劣っていると感じている状態です。「あの人は私より高級なバッグを持っている。彼女は成功者で私は敗者」という劣等感も、私の理想は豊かな生活をすることなのに、私と彼女を比べると私の方が貧しく劣っていると感じている状態です。

しかしアドラーは、「劣等感とは正常な努力と成長への刺激である」と定義しました。劣等感をもつのは人間として当たり前のことであると提言したのです。

劣等感は与えられたものではなく、自分自身で生産している感覚です。劣等感を自分の敵にすることも、劣等感を自分の味方にすることもできます。あなたが今、劣等感を抱えているのなら、その劣等感をどう扱うかは自分で決めることができます。劣等感をそのまま劣等感として感じ続けることも、劣等感を活用し前向きな決定をすることも、あなたは自分で決めることができます。

しかし、劣等感を抱えている人のなかには、「どうせ背が低いから何をやってもレギュラーにはなれない」「どうせ頭が悪いから勉強しても意味がない」「どうせ豊かな生活などできないのだから一生懸命に働くことはバカバカしい」とあきらめを感じている人もいるでしょう。アドラーはそのような状態を劣等コンプレックスと名付け、劣等コンプレックスを問題視しました。

3　劣等コンプレックス

劣等感を言い訳にして自分を正当化し課題から逃げる、目をそらす状態です。劣等感を行動で解決することをあきらめてしまい心が歪み、人生にとって取り組む必要のある課題に理由付けをして逃げてしまいます。あなたの抱えている劣等感が劣等コンプレックスである場合、あなたが自己実現のために行動しようと思っても、無意識的に誰かを攻撃的に批判してしまったり、自分の発言で自己評価を落としてしまうなど、せっかくの行動の価値が下がってしまうことになりかねません。この劣等コンプレックスには3つタイプがあります。詳しくみていきましょう。

★劣等感を味方にするか敵にするかは、自分で決めることができる。

劣等コンプレックス

劣等コンプレックスの３タイプ

１　攻撃型
２　自慢型
３　自虐型

１　攻撃型

悦子さんの自己理想は「女性起業家になること」です。起業に興味があるため起業セミナーに参加しテクニックを学んだり、人脈を広げるなど努力をしています。しかし悦子さんは起業に興味があるものの、何を打ち立てて起業をしたいのかがわかりません。悦子さんの起業する職種ジャンルや、扱う商品などがはっきりしないため、悦子さんはモヤモヤした気持ちを感じています。１年前一緒に起業セミナーに参加した仲間たちは、少しづつ起業の準備をはじめ、なかには起業をスタートさせた仲間もいます。悦子さんの心のなかでは「あの人は起業をして成功している。私はまだ何も起こしておらず成功していない」という劣等感を抱えています。仲間たちの新しい行動を見聞きするたびに、悦子さんの劣等感は膨らむばかりです。

ある日悦子さんは、セミナー仲間で起業をした清美さんと食事をすることになりました。清美さんの起業は順調で、少しずつ売上げがあがっていることが話題にあがりました。しかし悦子さんは言いました。「どうせ安く仕入れたものを高くふっかけて売っているんでしょう。それなら利益がでるわけよね」「清美さんの商品よりも安価で良質の商品が出回っているわよ」

その数か月後、悦子さんはSNSで清美さんの記事をみました。清美さんの店舗は閉店し、今後はネット販売だけをやっていくという内容でした。悦子さんは思いました。「調子にのって足元をすくわれたのね、いい気味！」

悦子さんには「私は成功できない」という劣等感がありました。悦子さんから見て清美さんは成功者です。「成功できない」という劣等感をもつ人が成功している人を見ると、コンプレックスにより無意識的に嫉妬をしたり悪口を言い相手を攻撃します。攻撃された清美さんは悦子さんに不信感を感じ距離をおきます。悦子さんは劣等コンプレックスにより清美さんを攻撃し、人間関係を崩しました。悦子さんはいつまでも自分と誰かを比べ攻撃を続け、起業に向け前進することはないでしょう。もしあなたが攻撃型だったら、相手に向けているイライラや怒りは自分の劣等感からきているものだと認識してください。そのイライラや怒りのエネルギーを攻撃ではなく、自己実現に向けた行動にして表してください。あなたの課題から目をそらさず、自分のためになる行動をして攻撃を解消してください。

2　自慢型

由奈さんの職場の隣席は佳穂さんです。由奈さんは佳穂さんの自慢話に辟易しています。「私は○○大学卒業だからこんな会社にいる必要はないの」「私は友達が多いからプライベートが忙しくて。残業があると困っちゃうわ」

アドラーは自慢型を優越性コンプレックスとよびました。佳穂さんは自分が優れているとアピールすることで、佳穂さんのなかにある劣等感から目をそらしている状態です。佳穂さんには「私は社会に必要とされていない」「さみしい人だと思われたくない」という劣等感があり、その劣等感を隠すために自慢をしています。もしあなたが自慢型ならば、それはとても恥ずかしいことです。自慢は劣等感の裏返しです。自慢をしているということは「私は劣等コンプレックスがあります」と大声で言っているようなものです。本当に成功していたり充実している人は、わざわざ自慢などしません。

3　自虐型

春奈さんと夏美さんは友達です。春奈さんは時々薄く笑いながら自虐的なことを言います。「私ってすぐに人に裏切られてしまうの…」「私ってほんと失敗ばっかり…」そのたびに夏美さんは春奈さんをフォローします。「そんなことないよ！」「春奈はよくがんばっているよ！」しかし春奈さんをフォローしながら夏美さんは心の中で感じます。「春奈はいつもグチが多い。春奈が不幸になるだけの理由が春奈自身のなかにあるような気がするな…」

春奈さんの行動は、あえて劣等感を言葉にすることで、自分の劣等感をカバーしようとする心理が働いています。春奈さんは自分の劣等感を言葉にすることで「そのことはあまり気にしていない」と自分を装うことができます。そして、夏美さんが「そんなことないよ」と春奈さんをフォローすることで、春奈さんの劣等感が少し和らぎます。春奈さんが自虐を言うことで夏美さんにフォローしてもらう構図は、一見春奈さんが得をしているように見えます。しかし、春奈さんの自虐ネタがあまりに多いため、夏美さんは「春奈に欠点があるのでは」と春奈さんの評価を下げる判断をしています。総合的にみると、春奈さんは自虐することでフォローを受けるものの、結果的には自分の評価を下げて損をしています。

人間関係がうまくいかない人のなかには、このように自虐的なコミュニケーションをとっている人がわりといます。自分は無意識的に自虐を言いますが、その心の背景にある劣等感を隠したい気持ちと、劣等感を和らげるため励ましてほしい欲求があり、それらの欲求が相手に透けて見えていることに気づいていません。

親しい人にグチを言うことは悪いことではありません。しかしネガティブなグチを聞き続ける相手は、とても大変です。仲良くしている相手も、いつしかあなたから距離をおくかもしれません。

もしあなたが自虐型だったら、グチの言い方を変えましょう。ネガティブなことを言葉にしたら、最後は必ずポジティブな言葉で終わることを意識してください。たとえば「私ってすぐに人に裏切られてしまうの…」で終わるのではなく「私ってすぐに人に裏切られてしまうの。だからもっと信頼関係を大切にしようと思ったの」「私ってほんと失敗ばっかり。だから次はこんな作戦を考えたんだ」はじめにネガティブなことを言っても終わりがポジティブであれば、あなたが前向きである印象を相手に与えることができます。あなたも相手も気持ちよく会話ができ、またあなたの評価が下がることもありません。

人生に目標をもち自己実現をするかは自分で決めることができます。人は環境や過去の犠牲者ではありません。自分の人生は自分で決めることができます。劣等感は悪いものではなく、あなたの行動のエネルギーになります。劣等感はあなたの人生課題や改善すべき点を表していきます。正しい劣等感から目をそらしてしまうと、その劣等感は劣等コンプレックスになってしまいます。劣等感のない完璧な人間などいません。人にはできることとできないことがあります。得意と不得意があります。不完全だからこそ人間です。自分の不完全を受け入れることができると、相手の不完全も受け入れることができ、穏やかでほどよい人間関係をもつことができます。

★大切なのは不完全である自分を認め受け入れて生きる勇気。

第五章　自分のために生きる

今を生きる

発達障害には「二次障害」というものがあります。発達障害による特性で人間関係や社会になじめず、その心の負担から慢性疲労感や頭痛腹痛、うつや不安障害などの心身疾患を発症します。発達障害の特性と心身疾患が合わさり、非行や家庭内暴力、登校拒否や出社拒否、引きこもりやニートとして表れていくことがあります。

私は二次障害どころか三次障害、四次障害まで経験をしました。発達障害は障害そのものが困難なのではなく、二次障害が発症したときが本当の困難です。そのため発達障害の診断は子どものときに知ることが大切です。子ども発達段階で適切な支援とトレーニングを受けることができれば、自立年齢になった頃にはある程度社会になじむことが可能になってくるからです。

私は発達障害の診断をされるまでの40年間、まるで文化や言葉の違う外国に身を置いているような感覚、もしくは宇宙人が地球にきちゃったような感覚でした。学校でも会社でも、「えっ!? これってこうやるの!?」「そのやり方や考え方が正解なの!?」ということの連続でした。しかし当時の私は自分のことをまわりのみんなと同じ地球人だと思っていたので、まわりの人と同じことができない私はダメなんだと、自分にバッテンばかりをつけていました。「私は学校でも社会でも人とうまく関わることができない、これではこの先もやっていけない、みんなと同じことを同じようにできないと私は孤立してしまう、だからもっと、もっとがんばらないと。」私は自分のできないことにエネルギーを向け、そしてエネルギーを使い果たし、とうとう育児中に壊れてしまいました。

精神が底辺に落ちたとき心理学と出会い、私ははじめて自分と正面から向き合うことができました。自分を深めるなか、私は自分の意識が「今」にないことに気づきました。精神の底辺をさまよっていたころの私は、過去へのこだわりを強くもっていました。親からの厳しいしつけで家庭で居場所がなくさみしかったこと、中学生のとき2年間続いたイジメ、自暴自棄になり自分や相手を傷つけるひどい行動、社会になじめず仕事が長続きしなかったこと。過去のつらい出来事を思い出すたびに私は「私がこんなにつらいのは親や社会のせいだ。だけど人となじめない私はもっとダメな人間だ」と、まわりの人や自分を責めることが着地点になっていました。私の身体は憎悪、悔しさ、嫉妬、後悔、罪悪感と一体化し、私は今を生きていながら、まだ過去を生きていました。また子育てがうまくいかないことで「こんな私が育児をしたら子どもの未来が壊れてしまう」と見えない将来に不安を感じ、さらに子どもに厳しくしつけをしてしまうことを繰り返していました。

心理学を学び自分自身を深めるなかで、私の意識は今ここにあらず過去や未来に向けられ、今の自分を感じることができなくなっている自分に気づきました。

私は第四次障害の育児うつで精神が底辺に落ち、本当に苦しくもがきましたが、この時に私が今を生きていないことに気づくことができて本当に良かったと思っています。私が今でもずっと変えられない過去にとらわれ、相手を責め、できない自分を嘆き、見えない将来に不安を感じて生きていたのなら、私は「今の私」でいることができなかったと思います。

過去のトラウマにとらわれてしまうと、誰かの顔色を伺います。見えない未来をネガティブに想像し不安になると、誰かの期待に自己犠牲的に応えようとします。相手の立場で物事を考えることも、相手の期待に応えようとすることも悪いことではありません。しかしそれではいつまでたっても相手からの要求を受け入れるばかりで、自分優先で生きることができません。相手の要求を断ることで付き合いが悪い人と思われるかもしれませんが、そう思ってあなたと距離をはかる相手ならばその程度の関係です。あなたは「今自分がどうしたいか」に正直でいてください。あなたが正直でいれば、正直なあなたとつながる正直な相手が必ず現れます。

変えられない過去にとらわれて「あの時こうすればよかった」「あの人があのときこうしてくれればよかったのに」と言い続ける人は、そう言い続けて人生が終わります。見えない未来にとらわれてガマンばかりしている人は、ずっと未来のためにガマンを続けて人生が終わります。

もしあなたが今、過去や未来のことに心を奪われているのならば、あなたは今を生きていません。やり直せない過去、見えない未来のために今をおろそかにしてしまうと、あなたの過去も未来も成就しません。過去は変えられないけれど、今は変えられます。未来は見えなくて不安だけど、今をどう生きるかで未来は変わってきます。

私たちは過去や未来に縛られて生きるほど、人生は長くありません。私たちの生きる時間は限られています。だからこそ、あなたの今の時間を無駄にしないでください。

★過去の思い出や未来の不安ばかり見るのはやめて、今を生きる。

むずかしい、より、どうしたらできるか

この本を読んでくださっている方は、自分を変えたいと感じている方が多いと思います。今の自分を変えて、人とほどよい距離をもち、安心してひとりになる。それができたらどれだけ自由でしょう。しかし、自分を変えたいと感じている方は、きっと今までも自分を変えようとアレコレいろんなことを試したと思います。しかしうまくいかない。なぜならば人は言葉で「変わりたい」と言っても、心の奥では「変わりたくない」という変化に抵抗をする心理があるからです。

妙子さんは職場での人間関係がうまくいかず、仕事が長続きしません。そんな劣等感を抱える自分を変えたいと思い、私の面談にやってきました。妙子さんのコミュニケーションパターンを分析したところ、妙子さんの劣等感は劣等コンプレックスになっており、相手に対し攻撃的に関わってしまうことがわかりました。妙子さんの根底には「どうせ相手は私をバカにするだろう」という思い込みがあるため、職場の人が妙子さんに「仕事でわからないことがあった

ら声をかけてね」と声をかけても、妙子さんは心の中で「それって私が仕事ができないってこと！？」と腹立たしく感じてしまいます。妙子さんは「私はバカにされるだろう」という思い込みから相手の発言を嫌味に変換して解釈をしてしまうクセがあり、そのイライラを態度に出してしまいます。

妙子さんと私は、相手が本当に妙子さんに嫌味を言うためにこの発言をしたのだろうかと、じっくりと話し合っていきました。ゆっくりと説明し丁寧に話し合いをすることで、妙子さんは自分の思い込みが人間関係を歪めていることに気づきました。私は、妙子さんの思い込みが妙子さんの人間関係の役に立ってないこと、相手の発言をネガティブに解釈するパターンを変えることで人間関係の改善が期待できることを伝え、「まずは相手の発言を言葉通りに受け取る訓練をしませんか」と提案をしました。しかし妙子さんは「それはむずかしい…できません」を繰り返します。私は妙子さんの気持ちに配慮しながらもう一度はじめから訓練の必要性を説明しましたが、やはり妙子さんは「むずかしい、できない」を繰り返します。私は妙子さんに質問をしました。

カウンセラー「妙子さん、できるか、できないかではなく、やってみたいか、やりたくないか、です。やってみたいと思いますか？」

妙子さん「…やりたくありません」
カウンセラー「そのコミュニケーションパターンと思い込みが、あなたの人間関係を歪めていることはご理解いただけましたか？」
妙子さん「はい、理解しました。」
カウンセラー「それではどうして、やりたくないのですか」
妙子さん「…変わりたくない自分がいるのだと思います。変わることに不安を感じます」

妙子さんのように、変化を恐れる気持ちは誰にでもあります。とくに人間関係に悩みやすい人ほど、変化を強く恐れる傾向にあります。新しい行動や考え方を取り入れる際、考え方のクセやマイルールが壁になり、変化に強く抵抗する防衛心理が働きます。また人生が行き詰まっており、人間関係や環境の問題を長期間抱えている人も、それまでとは違う自分の考え方や行動を受け入れることに時間がかかります。「それはできない」「むずかしい」「私には無理」と言い、なかなかパターンを変えることができません。
私は面談で、この変化の抵抗と数多く向き合ってきました。私は変化の抵抗について調べました。どのようにしたら抵抗をやわらげ、変化を促進できるのか、様々な書物や事例を調べてレポートにまとめました。しかし変化を促進する決定的な方法はありません。私の面談経験でも、変化はその人それぞれ違うプロセスで促進されていきます。

変化を受け入れ改善の早いクライアントさんには、いくつか共通点があります。

1　変わることの目的を明確にしている。
　　変わることによって何を得たいのかを明確にしていました。

2　どのように変わりたいかイメージを明確にする。
　　変わった自分が他者にどのような印象を与えたいのか、変化後のイメージを明確にしていました

3　危機感をもつ
　　このままでは私の人生がヤバいという危機感を常に持っていました。

4　とにかくよくメモる
　　変化を受け入れ改善をするクライアントさんは、1～3の事柄をノートに書き込んでいました。日々自分の感じることを日記にしたり、面談で話した内容を記録したり、その日に思いついたことなど、なんでもメモしていました。

1～4のプロセスをぜひ参考にしていただきたいのですが、しかしこれらの行動ができる人は、もともと心に強さがあるからできるのかもしれません。変化を受け入れることに決定的な方法はなく、簡単なことではないことを私はとてもよくわかっています。

変化を受け入れ行動を変えるためには勇気が必要です。1～4の行動をやってみるにしても、やってみようと思う勇気がなければ行動にはおこせません。もちろん変化を促進するために勇気付けをしていくことがカウンセラーの仕事でもあります。カウンセラーがクライアントさんの気持ちに配慮しながら心を支え勇気づけをしていくことで、変化が促進される心の基盤をクライアントさんと一緒につくっていきます。自分を変えたいときは専門家に依頼することは近道かもしれません。しかし、様々な事情でカウンセリングを利用できない方も多くいると思います。そんなときには信頼できる人に頼ってください。自分が変わりたいこと、そしてどのように変わりたいかを伝えて勇気付けてくれる存在がいれば、カウンセラーは必要ありません。

変化を促進する決定的な方法はありません。しかし、変化をするために絶対的に必要なことはひとつだけあります。それは「行動してみる」ことです。変化を促進する精神的なアプローチは1～4のようにありますが、結果的に行動しなければ変化を体感することはできません。

行動を躊躇する理由に「自信がないので行動できません」「自分に自信がついたら行動できます」と言う人がいます。これは逆です。「⑥好きなことを見つける」でもお伝えしたように、自信があるから行動できる、のではなく、行動するから自信がつく、のです。自信など目に見えないものは測定できません。見えない自信がつくことを待っていては、いつまでたっても行動はできません。

人は、自分が経験をしていない新しい領域に入っていくことに不安を覚えます。変化をするためには勇気が必要です。そのためにはまず行動をすること。行動をすることで、変わることへの自信と勇気が育まれていきます。できない、やれない、むずかしい、では何も変わりません。まずは第一歩、頭の中で、「どうしたらその行動ができるか」「どこからならはじめられるか」と、少しでも行動することに意識を向けてください。

そして行動する際には「行動するぞ！」などと、がんばらないでください。「実験してみよう」というくらいの気持ちで行動してください。行動は実験です。試してみるという気持ちで充分です。そしてその結果が悪くてもそれは失敗ではありません。単なる実験の結果です。結果が思わしくないのであれば、次は違う方法で実験をしてみればいいだけです。

ぜひ実験するような気楽な気持ちで、この本でお伝えした8つのススメをできるところから試してみてください。

★自信があるから行動できる、ではなく、行動するから自信がつく。

心の本音を感じる

行動することから変化ははじまる、というお話をしましたが、行動できたらこんなに悩んでないよ、と言いたくなる人もいると思います。

第四章で「つながらない8のススメ」をお伝えしましたが、それらのスキルが難しく感じられる方には、まずあなたの感情を整理し、感情を素直に感じることからはじめることをおススメします。自分を知ることからはじめてみましょう。

私は今何を感じ、私は今何を必要とし、私はどう生きたいのか。そのように自分に問いかけても、人目が気になりまわりに合わせすぎている人は自分がどうしたいのか、自分の気持ちがわからなくなっていることがあります。自分の気持ちがわからなければ行動の方向性も見えてきません。心の自立は本当の自分の気持ちに気づき、感情を整理することからはじまります。

感情を整理する

●モヤモヤしたら紙になぐり書き

「5　身体の声を聴く」では、モヤっとくんとの対話を通じ、自分のなかにある答えを引き出すフォーカシングという心理療法をお伝えしました。フォーカシングは紙もペンも使わずその場で自分の心にアクセスをする手軽な療法です。しかしある程度の想像力が必要なため、自分の気持ちに触れることに慣れていない人には難しく感じられる療法でもあります。フォーカシングが難しいと感じられる方には、気持ちを紙に書くことをおススメしています。

書くという行為もフォーカシングと同様、自分自身と深く向き合うことになります。テキサス大学のジェームズ・ペネベイカー教授は、自分の心のなかにあるものを20分ほど自由に書けば感情が整理され、メンタルが改善するという研究を発表しました。

書き方はとても簡単です。Ａ４用紙一枚に、とにかく何でもいいので思いつくままに書いてみます。モヤモヤした気持ち、やり場のない孤独感、叫びたい気持ち、誰かの悪口、とにかく書いて書きまくる。キレイに書こうなんて思わないでください。ただその時に思ったことを感じるままに書いていきます。文字にしていくと思考と感情が整理されていき、少しずつ自分の考えの偏りや、方向性のズレなどが見えていきます。

私はモヤモヤしたり、理由のわからない不安感を感じたときは、フォーカシングで身体から答えを引き出します。一方、仕事の方向性やアイデア、環境を見直すときなどは紙に書いて整理をしていきます。私はＡ４用紙では小さく感じるので、大きめのスケッチブックを使っています。私はアスペルガーの特性で思考回転が速く情報量の重さがあるため、思考状況と情報を交互に書いていく独特な書き方（なぐり書き）で方向性を導き出していきます。

また、自分の人生を見直すときもスケッチブックに書きなぐります。スケッチブックの真ん中に、その時に自分が得たいキーワードを書きます。例えば「自立」。用紙の真ん中に大きく「自立」と書いて、そこから矢印をひいて「自分にとっての自立とは何か」「何をもってして自立か」「自立とは経済自立か精神自立か」「精神自立とは何をもってして自立か」「それをしたらどうなるのか」「それをしなかったらどうなるのか」などと、思考を広げていきます。スケッチブックいっぱいに文字が埋め尽くされる頃には、思考と感情が整理され、次にとるべき行動が見えてきます。

この方法はマインドマップに似ていますが、そんなにキレイな仕上がりではありません。とにかくキレイに書こうとしないことがポイントです。

気持ちを書くときはかっこいい言葉や色分けなど必要ありません。心に浮かんでくる感情をそのまま、用紙にぶつけてください。

●心より身体を動かす

気持ちの落ち込みが続きどうしても心が回復しないとき、無理に心を調整してもうまくいかないことがあります。そんなときは一度、自分のことも相手のことも脇において、身体を動かしてみましょう。心と身体はつながっています。

自分を変えたいと思ったとき、多くの人は、内面（気分）が変われば行動も変わり物事が改善する、という考え方を採用します。それは正しいです。しかし、もっと手っ取り早く変化できる方法があります。それは外面を変えること。外面（行動）が変われば内面（気分）も変わり物事が改善します。気持ちが落ち込んだときは、自分の内面や相手との関係についてアレコレと思いを巡らせるよりも、身体を動かすことでモヤモヤしていた感情が汗となり出ていき、クヨクヨしていた気持ちが小さく感じられ、感情が整理される効果が得られます。

思い切ってスポーツをはじめるというのもアリですが、無理は禁物です。まずは自分の負担にならない簡単なことをやってください。近所を散歩、室内でヨガ、週末の小旅行など、自分が気持ちいいと思えることを試してみてください。

●つらいときは泣く

人間関係のなかにいれば、つらい気持ち、納得のいかない気持ちをグッと抑えてしまうことがあります。自分の感情を抑えるクセがついてしまうと、自分の感情が抑えきれなくなったとき、自分が何を感じ、どうしたいのかわからなくなり混乱することがあります。

私は好きなことを仕事にして私なりの理想がありましたが、いつの間にか家庭と仕事の両立により、現実に追い立てられるようになっていました。とにかく毎日必死に数年間を過ごしていました。長男の高校受験が終わったその年、私は数年ぶりに信頼できる友人の香奈江さんと会いました。私はこの数年間とても忙しかったことを、まるでたいしたことではなかったように、淡々と香奈江さんに話しました。

香奈江さんは静かに私の話を聴いてくれました。香奈江さんは一言「大変だったんだね」と私に言いました。その言葉を聞いた瞬間、私は涙がポロポロとこぼれました。昼下がりのファミレスで、恥ずかしいほど大泣きをしました。「そうか、私はずっと大変だったんだ。泣きたいほど苦しかったんだ」と、自分のつらかった気持ちにはじめて気づくことができました。大泣きした後はスッキリした気持ちになり、今後はがんばりすぎないようにしようと思いました。

泣きたくなったら泣いていい。信頼できる人の前で泣いてもいいし、一人で泣いてもいい。大切なのは思いっきり泣くこと。泣いて泣いて、気がすむまで泣くと、いつの間にかとても冷静になり、気持ちが整理されています。悩んでいたことが小さく感じられ、どうでもよくなることもあります。泣いて気持ちが冷静になった頃に「で、私は結局どうしたいの？」と自問してください。余計な感情やマイルールがそぎ落とされ、あなたにとって必要なものと必要でないものが見えてきます。

★新しい行動や変化が受けいられない人は、自分の感情を整理し、感情を素直に感じるところからはじめる。

人と同じでなくてラッキー

人間関係にとらわれひとりになることができない人は、いい人が多いです。自分を主張することなく周りの人にうまく合わせることができ、どんなときでも自分を譲り角を立てません。何事もなんとなく平均的にできて、なんとなく人間関係も卒なくこなします。私は当初、このようないい人に憧れがありました。しかし私は彼らのようないい人にはなれませんでした。私の発達には凸凹があり、それは独特で、多くの人に理解されにくいことはわかっています。私は今でも欠点ばかりですが、でも今は、いい人への憧れはありません。

私が心理学の勉強をはじめたころ、私はある女性に「私は人の話を聴く仕事をする人になる！」と何の脈絡もなく宣言したことがあります。残念ながら彼女は、私の信頼できる人ではありませんでした。彼女は私を笑いました。30代半ばの主婦がどうやってそれになるんだだと、言いました。私は彼女の言葉を聴いて、本当に彼女の言う通りだな、と思いました。私は人から笑われるレベルのバカだったのです。しかし私はまったく気にせず、心理学を淡々と勉強していきました。そして沙織先生と出会い、人脈0で独立をし、アチコチに飛び込みで営業をし、人に頭を下げ、人に感謝をし、ここまでやってきました。かなり無鉄砲な行動ばかりでしたが、私がバカで空気を読めないから行動できたことです。

私の発達の凸凹はなかなか人に理解されず、人から嫌われることも、嫌味を言われることも、人前で怒られることも、小さいころから大人になるまでたくさん経験しています。私が人と違うことで排除される経験をしているからこそ、私は怖がることなくバカな行動ができました。人と違ってラッキー。そんな私の凸凹が私の個性だと、今は堂々と言えます。私は空気も読めず、こだわりも強く、仲良くしたい人とだけ仲良くし、自分のやりたいことに没頭し、自分の世界で生きてきました。私が人と群れていたら、そんな行動は怖くてできなかったと思います。

私はひとりで行動をしてきた分、失敗もたくさんしてきました。相手の顔色を見て判断することが苦手なので、失敗もすぐに気づきません。ずいぶん後になって「もしかしてあれって失敗だったのかな」と気づく始末です。

しかし私にとっての失敗と経験はもはやネタです。笑いのネタです。私が自分の失敗をネタにできるのは、私がいつも全力で挑戦した結果の失敗だからです。私の失敗がきっと何かや誰かの役に立つ、必ず役に立てる、そう思ってやってきたからです。

あなたがまわりの人と同じような選択をしているのなら、あなたの個性はでてきません。それはあなたの経験ではなく、みんなと同じ経験です。あなた個人の経験こそが、あなたの個性です。あなたが自分で判断し、あなたが自分で経験し、あなたが失敗をし、あなたが成功する。それがあなたの自信になり、魅力になります。あなたの凸凹を発揮させましょう。あなたの凸凹はきっと何かや誰かの役に立ちます。誰が何と言おうと、あなたのやりたいと思ったことはやってみましょう。信頼できる人が1～2人いればあなたは孤独にはなりません。

人生にガイドブックはありません。ゲームのように攻略本もありません。体験と失敗と喜びを繰り返して、自分の生きる道を切り開いていくしかありません。それは一見遠まわりのように見えるかもしれませんが、焦る必要はありません。その遠まわりがあなたの個性に必ずつながります。

行動しない人は、行動する人を笑います。
発言しない人は、発言する人を笑います。
挑戦しない人は、挑戦する人を笑います。

行動する人は、行動する人を笑いません。
発言する人は、発言する人を笑いません。
挑戦する人は、挑戦する人を笑いません。
あなたは、あなたを笑う人と、笑わない人、どちらの人と仲良くしたいですか。

★まわりの人と同じ選択をしているなら、あなたの個性はでてこない。あなた個人の経験こそが、あなたのつよみと魅力になる。

ひとりは強い

私は、面談経験の中で、多くのクライアントさんが人間関係を整理し、人とほどよい距離をもち、安心してひとりになるプロセスを見てきました。彼女たちが共通して言うことがあります。

「人の輪の中に身を置き安心感を得たいと思っているときは、人間関係で悩むことが多くありました。自分の心を整理し、人とほどよい距離を持つよう心掛け、自分の人生を自分のために生きはじめると、私のまわりにいた人との付き合いが減っていきました。孤独になるのではと不安を感じましたが、信頼できる友人や家族とのつながりはありました。むしろそのつながりがとても大切に感じられました。自分の居心地の良いようにシンプルに生きていたら、気の合う人から自然と声をかけてもらうことが増えました。気の合う人とは自然にお茶をしたり、自然にお互いの話ができます。それまでの人間関係は相手の顔色を見て付き合っていましたが、今、私が関わっている人とは、ほどよい距離をもち、お互いの気持ちを尊重することができる関係です。人と対等に付き合うことが、これほど心地よく自由なことだとはじめて知りました。私は今、安心してひとりになることもできるし、会いたい人と交流をすることもできます」

自分軸をもち、ひとりになることを実践していくと、一時、孤独を感じる時期がやってきます。周りの人との付き合いがへり、ひとりぼっちになってしまう不安を感じることがあります。大丈夫です。あなたはひとりではありません。かならず1～2人、信頼できる人の存在があるはずです。その人に頼ってください。

あなたがひとりを感じる期間は、あなたが今までいた村から、新しい村に向かう道のりのプロセスです。あなたが今までにいた村は依存的につながり合う群れです。新しい村は個々が自立しており、自分も相手もほどよく距離をもちながら心はつながっている、心地よい人間関係がある場所です。あなたは新しい村に向かうひとりの道中、自分と向き合い、いろんなことを考え、気づき、様々な体験をするでしょう。

以前の村にいた頃の、人目を気にして周りに合わせてばかりのあなたとは違い、一回りも二回りも人間力が身についていくはずです。新しい村には、あなたが信頼でき対等に付き合える仲間がいます。あなたにとっての新しい人間関係です。新しい村では、あなたが来ることを心待ちにしている村人がいます。新しい村では、あなたが安心してひとりになることもできるし、村人に頼ることも、喜びを分かち合うこともできます。あなたの人間力をさらに向上させてくれるような賢者とのつながりも存在するでしょう。あなたはひとりになるために、ひとりのプロセスを体験しますが、その先には、今までの人間関係とは違う、あなたに合った人間関係が必ず待っています。

さぁ、あなたは、自分を自由にするために、何からはじめていきましょうか。

最後に私からあなたへ
私の好きな詩をお送りします。

わたしはわたしの人生を生き、あなたはあなたの人生を生きる。

わたしはあなたの期待にこたえるために生きているのではないし、あなたもわたしの期待にこたえるために生きているのではない。

私は私。あなたはあなた。

もし縁があって、私たちが互いに出会えるのならばそれは素晴らしいこと。

しかし出会えないのであれば、それも仕方のないこと。


ゲシュタルト療法創始者、フレデリック・S・パールズ（独・精神科医）

◆著者プロフィール

松島ちほ

1972年生まれ。静岡県在住。二子の母。

幼い頃から引っ込み思案で人との関わりが苦手。中学ではいじめ、高校では登校拒否。社会人12年を経て結婚・出産。育児につまずき、産後うつから育児うつ。ひきこもり主婦になり、その後、大人の発達障害「アスペルガー症候群」と診断される。

あまりの生きづらさに2009年から心理学・コミュニケーション技術を学び始め各種心理学、カウンセラー資格を取得。アスペルガーの特性である過剰集中を活かし、心理学の知識を吸収していく。2011～2014年、カルチャーサロンに採用されカウンセラー、心理学講師として活動。

2014年10月に独立。母親専門カウンセリング　ママクレアを設立。

心理学と著者の経験を活かし、カウンセリング、心理学講座、講演会、を通じ女性の心をサポートしている。

HP　https://www.mamaclear.com

アスペルガーのカウンセラーが教える

つながらない生き方のススメ

著　者　松島　ちほ
発行日　2019年 5月30日
発行者　高橋範夫
発行所　青山ライフ出版株式会社
〒108-0014
東京都港区芝5-13-11　第２二葉ビル 401
TEL：03-6683-8252
FAX：03-6683-8270
http://aoyamalife.co.jp　info@aoyamalife.co.jp

発売元　株式会社星雲社
〒112-0005
東京都文京区水道1-3-30
TEL：03-3868-3275
FAX：03-3868-6588

ISBN978-4-434-25845-9